情绪

THE LEADER'S GUIDE TO
MINDFULNESS

用正念力实现自我调节

[英]奥德丽·唐◎著
Audrey Tang

杜肖瑞◎译

训练

湖南文艺出版社
HUNAN LITERATURE AND ART PUBLISHING HOUSE

博集天卷
CS-BOOKY

著作权合同登记号：图字 18-2021-165

图书在版编目（CIP）数据

情绪训练 /（英）奥德丽·唐（Audrey Tang）著；杜肖瑞译. -- 长沙：湖南文艺出版社，2021.10
书名原文：The Leader's Guide to Mindfulness
ISBN 978-7-5726-0357-0

Ⅰ.①情… Ⅱ.①奥… ②杜… Ⅲ.①情绪—自我控制 Ⅳ.①B842.6

中国版本图书馆 CIP 数据核字（2021）第 179866 号

上架建议：成功·情绪管理

QINGXU XUNLIAN
情绪训练

作　　者：[英]奥德丽·唐（Audrey Tang）
译　　者：杜肖瑞
出 版 人：曾赛丰
责任编辑：刘雪琳
出　　版：湖南文艺出版社
　　　　　（长沙市雨花区东二环一段 508 号　邮编：410014）
网　　址：www.hnwy.net
印　　刷：三河市中晟雅豪印务有限公司
经　　销：新华书店
开　　本：875mm×1230mm　1/32
字　　数：198 千字
印　　张：7.75
版　　次：2021 年 10 月第 1 版
印　　次：2021 年 10 月第 1 次印刷
书　　号：ISBN 978-7-5726-0357-0
定　　价：49.80 元

若有质量问题，请致电质量监督电话：010-59096394
团购电话：010-59320018

《情绪训练》所获赞誉

一部令人耳目一新之作！……通过正念提升创造力值得推广。唐医师在其书中并非一味敦促人们要有创造力，而不具体向读者解释如何提升。凭借她多项专业的理论和在职场中的大量经验，唐医师为读者提供了详细的指导、高效的工具和有趣的练习，读者可以在放松的状态下开始正念练习，开发自己的创造潜能。唐医师能让你对自己真正潜力大开眼界，并通过她巧妙的正念练习方法，让你释放自己神奇的创造力。

——巴奇，TED演讲人、魔术师、《异想天开的魔力》（*The Magic of Crazytivity*）作者

唐医师披沙拣金，帮大家从流行心理学的众说纷纭中总结出了正念的本质。这是一本简明、实用……不可或缺的书。

——彼得·卡拉陶斯，咨询师、临床心理医生、临床顾问

对致力于通过简单有效的技能不断提升自我并助益他人的读者来说，这是一本应时之作。唐医师的文字可读性很强，读者可以随时翻阅，书中所表达的见解和引用的案例都很有启发性。此书可引导你通向更美好、更专注的人生！

——露西·贝雷斯福德，作家、节目主持人、心理治疗师

此书实用、易读，使读者能够迅速理解并运用正念的练习技巧。

唐医师在书中列出了一系列的练习方法，为领导者构建了一个"心灵绿洲"，帮助他们提升自己在工作和生活中的表现。

—— 莫诺米塔·南迪博士，会计学高级讲师、研究生导师，英国布鲁内尔大学商学院

在所有的企业和公共服务部门，人们一直高度重视职场幸福感。唐医师凭借其专业经验，指导读者真正有效地区分现实与假象，辨别噱头和真正有用的练习，保证读者得到实实在在的成长与改变。

这本书论述严谨，高度实用，我极力推荐！

——里奇·阿特顿，英国教育部门领导协会委员会委员

书中含有大量的实用方法与练习，对重视自我幸福感、职场满意度的读者来说，此书不可或缺。

——莎伦·劳顿，天资培训公司主管

关于作者

奥德丽·唐（Ａｎｄｒｅｙ　Ｔａｎｇ）是英国心理协会认证会员（CPsychol）、作家，她的作品《卓越经理人》（*Be A Great Manager Now*）曾成为2016年7月W. H. 史密斯旅行书店"月度畅销书"。她还是英国职业继续教育学分登记系统（CPD）认证演讲人和培训师、神经语言规划（NLP）认证培训师、基本人际关系取向（FIRO-B）培训师、CLICK培训咨询公司[1]的创始人兼成长导师和培训顾问、天空电视台191频道《克里茜·布德拉姆秀》（*Chrissy B Show*）节目（英国唯一心理健康类节目）客座心理学家。

唐医师的博士研究领域为专业客服人员的培训与情感支持。在研究期间，她还担任了布鲁内尔大学的商务和管理学课程讲师（本科），其后又进修英国国家医疗服务体系（NHS）的培训师课程。进入培训领域之前，唐医师曾教授中学戏剧课程，并兼任国家认证心理督导，其后又成为教学支持、继续教育中儿童抚养、学习与成长等职业资格认证项目经理人。唐医师还管理一家名为CLOCK ARTS的社区戏剧俱乐部，致力于帮助大家通过艺术提升自信心。

她的著作《卓越经理人》已被收入SKILL PILL在线学习平台（www.skillpill.com）认证教材，并被翻译为俄语、阿拉伯语和汉

1　CLICK是confidence（信心）、learning（学习）、integration（整合）、creativity（创造力）、knowledge（知识）的缩写。——编者注

语。她所创立的CLICK培训项目，是唯一一家经英国职业继续教育学分登记系统认证，可以提供"逃生室"团队建设培训的项目。她的"团队考验"培训项目，目前已在德国、瑞士和希腊得以应用。

第三章

Chapter Three

正念成长

前言

开放式问题

◆ "正念"这个词让你联想到什么?

◆ 正念具体是什么意思?

◆ 正念练习如何提升你作为领导者的表现?

正念的问题

"正念"这个词如今尽人皆知,却已丢掉了其本来的含义。

—— 2018年"致自己"(Note to Self)播客如是说

每当我问别人什么是正念的时候,大约一半人会提到"冥想""呼吸法""感知力"这些概念,其中有些人还会想到"瑜伽",另一半人则不以为意地说正念是"噱头",对其兴致索然。

正念在如今的商界却广受欢迎，很多大学为此开设了"商业正念"这门课程，媒体上报道谷歌、苹果、英特尔等知名企业通过正念提升了公司的绩效的文章比比皆是。各种博客文章、新闻报道和研究论文对正念的益处都有反映。

在职场日常使用正念，目前已知有以下效果：

◆ 减轻压力。

◆ 提升睡眠质量。

◆ 减少工作中的痛苦。

◆ 据估计，"每位员工平均每年为公司提升价值3 000美元的营收"［盖利斯（Gelles），2015］。

◆ 提升创造力、幸福感和专注度。

◆ 提升对工作项目和会议的热情（英特尔出版社，2013）。

◆ 能够做出更好的决策。

◆ 成为更好的倾听者（盖利斯，2012）。

◆ 思维更专注，思想更开阔。

◆ 合作效果有所提升。

◆ 营造了一种"开放、宽容和互相促进"的氛围。

◆ 成为在情感和头脑上均更为投入的领导者。

◆ 从忙于各种事务，对周围视而不见转变为好奇、灵活、看得见机会的人［威廉姆斯（Williams），2016］。

综上所述，将正念融入职场活动中对各家公司的益处显而易见，但为什么还有很多人对此有所怀疑呢？

据记者埃玛·巴尼特（Emma Barnett）报道，"一些公司或其他机构所设置的所谓'午间幸福感提升时段'，唯一的效果就是让员工们更听话了"（巴尼特，2015）。还有更糟糕的情况：一些美国公司非但没有把正念练习视为员工的额外福利，反而剥夺了他们的休假时间，甚至克扣薪资，强迫他们进行正念培训［韦普曼（Whippman），2016］。

此外，正念领域的各个专家，对于正念的定义和如何练习也各持己见：

正念指以特定的方式保持注意力——抱持目的，关注当下，摒弃个人杂念。

—— 乔·卡巴金（Jon Kabat-Zinn）

正念能够让我们认识到自己身体、情感、头脑之内和外部世界的现实，正念练习能够帮助我们革除伤害自己或他人的想法和行为。

——释一行禅师（Thich Nhat Hanh）

正念，广泛说来，就是从无意识的生活中醒来，敏感地体会到日常经验中的一切新鲜事物。通过正念意识，能量的流动和头脑中的信息会进入我们的意识中，使得我们有深刻体会，并对其加以调理。

——丹尼尔·J. 西格尔（Daniel J. Siegel）

以上这些人都是名副其实的专家，他们的言论已被多家利用正念获得效益的机构佐证——虽然"正念"这个概念仍然有些模糊、不明确，并且会让人误认为是什么"嬉皮风潮"［孔菲诺（Confino），2014］。

显而易见，正念的"问题"并非在于有没有效果，而是在于常常被误解。此书会向大家介绍正念的理论背景，并解释其对领导者的功效，但并不会花太多笔墨讨论理论上的争议，而是更与时俱进地介绍正念的实际操作方法。

如何使用本书

在本书每一章的开头，都会有几个激发读者思考的小问题，各章包含实用的正念练习，以及与本章话题有关的冥想方法，有的可以个人单独练习，有的可以用在团队中，或作为整个部门研讨会的环节集体练习。为了帮助读者巩固自己所学的内容，每章最后都包含了一个"正念工具包"，用于回顾本章要点，鼓励读者将简便的正念练习融入日常生活中，并对本章所使用的练习方法进行内容延伸。当然，适量的理论性的内容也是不可或缺的，辅以理论，领导者们才能让董事会成员们信服正念的作用，说服他们支持在公司增加正念练习环节，组织正念研讨会，甚至调整员工们的日程，提升大家从工作中获得的幸福感，所以书中的练习方法，都是建立在理论研究基础之上的。当然，要取得显而易见的效果，还是得实践。研究者们可能会对理论争论不休，但正念对读者来说是通过实践来发挥效果的。致力于将其技巧应用于领导工作中的你，必将从中受益良多。

本书所包含的冥想引导语，读者可以在研讨会中以讲稿的形式使用。可以通过以下网站获取其录音文件：www.draudreyt.com/meditations（获取密码：leaderretreat）。

第一章

Chapter One

正念的实际应用

正念领导者

开放式问题

◆ 在你的部门中，大家对正念的认知是怎样的？

◆ 你亲自体验过哪些正念练习方法？

◆ 你所体验过的正念练习方法有没有实际效果？

作为领导者，想要将正念练习融入职场中，首先要了解什么是正念、正念的来源，这些理论知识虽不能取代实际练习，但可以说服心有疑虑的同事，提升自己的可信度。

"正念"的起源

1979年，马萨诸塞大学压力舒缓诊所创立了"正念减压法"（MBSR），正式将佛教的禅修（冥想）纳入科学和临床医疗领域中。

"正念减压法"这个术语中所包含的"正念"，正是佛教所指的禅修方法。正念练习，是佛教 "四圣谛"中所含的"八正道"的第七项内容。佛家弟子通过正念冥想，可以获得：

……心态平和、精神愉悦的状态。

……对于自己体验的深刻体会，分别归为身体、感觉、心态和现象四类。

……更强烈的慈悲心。

——［菩提（Bodhi），2013］

因此，正念减压法的冥想方法主要包含以下三方面：

◆ 平和的心境。

◆ 对身体和心理的感知与身心平衡。

◆ （对自己和他人的）慈悲心。

正念减压法练习课程今天依然广受欢迎，其内容包括多项冥想避静练习，练习者专注于瑜伽呼吸法和增强对身体的感知。

正念减压法刚刚出现时，人们对其"东西结合"这种统一性理念兴致勃勃。后来，随着正念越来越被人所熟知，评估其背后科学性的必要性的呼声也越来越强烈。练习者们所报告的超凡体验，符合佛教教义，但需要更多科学证据才能令人信服。

后来有关正念的文献越来越多，卡巴金有关正念减压法的著作，被认为是正念广泛流行的原因；还有一些文献记录了通过正规的冥想练习和集中呼吸所产生的积极效果：

◆ 更好的工作-生活平衡［例如夏纳费尔特（Shanafelt）等人2012年的报告和米歇尔（Michel）等人2014年的报告］。

◆ 提升了韧性［例如凯耶（Keye）和皮金（Pidgeon）在2013年和2014年的报告］。

◆ 领导成效的提升，包括更强的慈悲心和更好的合作效果［例如凌（Ling）和秦（Chin）在2012年以及特利斯格里奥（Trisgolio）在2017年的报告］。

随着人们对正念的兴趣越来越浓，相关书籍的出版也应运而生，各家机构也开始对利用正念提升员工绩效产生兴趣。

可一个问题是，很多相关的书在鼓励领导者采纳正念练习的同时，会用过多笔墨解释其背后相关的神经科学理论，包括正念对于改善神经通路和脑回路的作用［比如戴维森（Davidson）和卢茨（Lutz）2008年的书］，但这些说法因为缺少可核实的证据，在科学的角度站不住脚。情商学作者戈尔曼（Goleman）在2017年写道："严格说来，这些说法不能满足医学研究领域的金科玉律。" 行业报告和学术论文中此类的怀疑论调所造成的情况是，或许有领导者会凭自己的热情对正念有所投入（甚至他们的团队也会尝试），但更多人会对其望而却步。

不管人们对正念有怎样的认识，深呼吸对工作表现的提升作用尽人皆知，并且这个认知至少是可以证明的。

试试下面的练习：

◎ 练习1.1

你觉得自己目前的压力-平静指数是几?

压力巨大　5　4　3　2　1　毫无压力

自然坐定,双手放松地置于大腿上,

通过鼻孔用力吸气,同时默数到3,

屏住呼吸,再次默数到2,

通过嘴巴慢慢向外呼气,同时默数到5。

以上练习重复5次。

再次评估一下自己的压力-平静指数:

压力巨大　5　4　3　2　1　毫无压力

若无意外,通过以上练习,你所感受到的压力已明显减缓。

　　在生理上,我们的焦虑水平受交感神经系统和副交感神经系统的调节。当我们吸气时,血液被吸入肺部,心脏会往周身输入更多血液应对供血不足(使用交感神经系统);呼气时,由于周身血液不足已有所缓解,副交感神经系统会减慢心跳,这样身体能有效地保持健康心脏的运作平衡。然而当我们在压力之下时,呼吸会变得浅弱且不稳定,交感神经系统和副交感神经系统同时运作却很难达到平衡。然而,缓慢、放松、深入的呼吸具有激活慢适应感受器的附加效果,能够抑制交感神经系统的功能,暂缓心肌的伸缩输血[麦金农(MacKinnon),2016]。所以,缓慢、深入的呼吸可以让人心平气和。

　　当然,正念的练习不只这些,它不仅包括可以让人平静的呼吸练习和冥想训练,还有有助于放空和振奋大脑的练习方法。

清晰的头脑如何能提升工作绩效

如今的职场大肆鼓励多任务工作，并且多任务处理也是领导者们不断追求提升的能力，但其问题在于，人不可能同时全身心投入所有待完成的任务中。你是不是也曾多次在和朋友、配偶、孩子沟通时，突然被电话、平板电脑或笔记本的消息打断？处在领导者的岗位上，必须要在质量和数量之间以及工作和生活之间取得平衡。

布伦丹·伯查德（Brendan Burchard）在其《高效能习惯》（*High Performance Habits*，2017）这本书中，提到了一位能够高效高质地应对复杂紧张日程的高管。伯查德特别提到，这位高管在日程表上的两项活动的间隙，都会做放空大脑的活动。比如，在从一场会议赶到另一场会议之间，他会先到洗手间，用凉水洗脸，再做两三个开合跳。他每次都要完成一项任务，再去做第二项。伯查德还亲自试了这位高管的方法，发现自己做每项工作时都能更加投入了。这就像一位品酒师在品尝两种酒之间要啜一口水，或吃一块薄脆饼干，如此一来，第一种酒的余味就不会影响到第二种了。如果一个领导者每次完成一项任务后都能放空一下头脑的话，做第二项任务时就会更有精力。

试试下面的练习：

 练习1.2

设想你要发送多封电子邮件，发完邮件后还要参加两场会议。

1. 发完邮件后，处理下一项日程前，往脸上撩些水，做两三次深呼吸，或者做几个开合跳，放空大脑。

2. 开完第一场会议后，重复上面的练习。

你会发现，做完上面的练习后，处理接下来的任务时都能能量满满。

增加这些练习活动后，你仍是在完成自己的全部工作任务，却向每项任务中倾注了更多心力。

这样的练习活动可能不能算在正念的范畴，但至少也应该是提升自己的"内在感知力"的良方。因为，我认为，任何通过提升感知力、增加慈悲心和改善平衡来提升工作绩效的练习方法都可置于正念练习的范畴之下。即便我们仍然尚未明确定义正念，但只要一个方法有效，便可为我所用！

正念练习能在领导者身上产生什么效果？

正念倡议组织（The Mindful Initiative）在2016年发布了一项报告，报告讨论了一系列的正念干预练习，还包含英国克兰菲尔德大学、伯明翰大学和阿伯里斯特威斯大学对这些干预行动所做的评述。根据参与练习的企业员工们的报告，这些正念干预练习有以下效果：

◆ 提升了注意力。
◆ 行为洞察力更强了。
◆ 不再瞻前顾后，更加果断了。

如果一位成员能取得以上进步，对整个团队的好处不言而喻。

丹尼尔·戈尔曼在了解报告之后，表示报告消除了他此前对正念的科学性的疑云。他承认，虽然就目前有关的正念研究所做的文献综述显示，这些文献的学术严谨性存在漏洞，但仍有足够的证据表明，"你无法对所听到的有关正念的说法全部信以为真，但正念确实有实实在在的效果……"（戈尔曼，2017）。

唐（Tang）和卡尔（Carr）在2018年的研究对常见的正念练习

（呼吸法、冥想和感知力练习）做了拓展。他们的研究显示，领导者做任何有助于提升自我感知力的干预法，都会有好处。两位研究者在布鲁奈尔大学的领导力和管理专业的学生中间做了一项为期10周的"正念练习项目"，其内容包括：

◆ 积极自我暗示。
◆ 呼吸练习和瑜伽呼吸法。
◆ 练习方法的理论基础。
◆ 实操练习。
◆ 回顾与反馈。
◆ 指导冥想训练。

项目结果显示，练习者在以下方面有所改善（使用菩提在2015年定义的术语）：

◆ 内在感知力。
◆ 平静的情绪。
◆ 慈悲心。

以及：

◆ 自信心。
◆ 沉着的能力。
◆ 创造力。
◆ 决策时更清晰的思路。

该项目的练习方法，包括了受神经语言规划和心理学所启发而设计的方法，目的是激发更强的感知力，本书也会详解其中部分方法。

因此，我们可以发现，冥想和呼吸法不是正念练习的全部内容。领导者们甚至可以为自己的部门量身定做个性化的正念练习。

作为领导者，我如何应用正念练习？

与其因为正念是流行热词便将其奉为圭臬，不如将其融入日常生活中，让正念发挥最大的效用。引入"冥想午休时段"也许并非必要，但鼓励你的团队在开会前做一些深呼吸（或任何放空大脑的活动）可以让人心灵放空，提升工作表现，并提高工作的质量［马德（Mudd），2015］。迈凯轮-本田技术中心便采用了这种活动，让所有员工在回到各自办公桌的时候，都必须先走过一条纯白色过道（马勒公司，2017）。这类活动的相对开放性，意味着领导者在应用时可以发挥自己的创造力，本书将就如何做到这点提供相关建议。

领导者们应用正念时最有效方法之一，用一个口号总结就是"正念存心"（Just be mindful!），即要"用心措意"。

不管是辅以冥想、深呼吸、瑜伽或本书中的任何练习方法，还是只是提醒自己提升注意力，只要这种练习有效，或者对其稍做调整后有效，那就可以好好利用。

今天的职场中，一心多用是做个好的领导者的必备技能，也是跟得上瞬息万变的社会的发展节奏的法宝。领导力提升的重点，是能够同时应对多项任务和表现全能手段（威廉姆斯，2016）。正念练习虽不能增加领导者所拥有的技能，但能够增强他们在应用自己技能时的深度和效能。

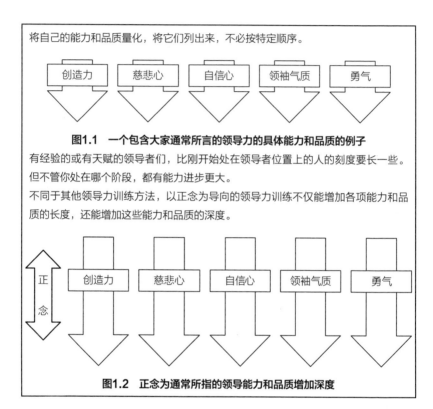

通过引入正念练习来增强自我感知力，你能够完善自己已有的领导能力，并且能提升自己的情感机敏度，以让自己通过已有技能或者开创新方法应对所有的变化。

正念的自我关照功能

如今，越来越多的目标读者群为高层管理人的书，都会论及幸福感和自我关照这两个概念，原因很简单——你所处的位置越高，就得付出越多心血，就会越快地陷入身心疲惫状态。要延长自己的职业寿命，就得进行自我关照。

自我关照这个词，可以定义为"对自己所做的关心和照顾，即发现自己的需求并一步步地满足这些需求的过程。要做到自我关照，就得花时间做对自己身心健康有利的活动，像善待他人一样关怀自己"（加州福特·加里妇女资源中心，2018）。自我关照也是保证能够长久地扮演领导者角色的重要因素，因为一个人不管能力大小，若是健康状况不佳，导致提前退休，那再强的能力也无法施展了，培训师苏（Su）因此认为，自我关照不再是"……一种奢侈品，而是工作的一部分"。

作为领导者，每天都会压力重重：你必须做出重大而有深远影响的决定，你必须应对无处不在的竞争威胁，你还得建立工作伙伴关系——这些工作伙伴能否长期为您服务还不得而知。此外，作为一个情感机敏的领导者，通常你会带领一个团队，队员通过开放的沟通渠道依不同状况寻求你的建议。当然，在工作之外，您还得拥有充实的生活，这也需要你亲自维护和关注。所有这一切，要面面俱到的话，一定会让人筋疲力尽。

苏列出以下4种疏于自我关照的领导者常陷入的不良习惯：

◆ 忽视自己。
◆ 自我管理不足。
◆ 自我惩罚。
◆ 缺少自我保护。

一个领导者在工作中常常得快马加鞭，确保自己是职场中成功的领导者，私生活也必须过得很成功，他们必须要真实可靠、情绪稳定、能量十足，而正念正是可以保证这一点的关键。一个人无论做何职业、年龄大小、宗教信仰如何，正念练习都能使他获得身心放松之功效，对领导者们尤为有效，使他们能自如地应对工作场合和家庭生活，并在二者间取得平衡（Mindfulnet.org，2017）。

正念练习对提升情感机敏性和韧性具有潜在功效。所谓情感机敏性，即感知并为他人调整自己的情绪的能力；所谓韧性，则是指在遭遇挫折后重新振作起来，继续全心全意地待人接物的能力。情感机敏性和韧性在做决策、解决问题、创造创新、提供支持和建立关系中都是必备的品质，不仅在职场中必不可少，对于提升个人的生活质量也不可或缺。

定义并整理正念是专家学者们的工作，本书所提供的技巧方法则专注于支持并提升你和你所领导的团队的表现。

总　结

1. 尽管在正念的科学性和定义上存在一些争议，但研究表明正念有非常成功的应用效果。

2. 正念无法代替领导力范畴下的能力，可以帮助领导者排除干扰，准确地选择特定情况下的各种选项。

3. 正念练习能够拓展领导力技能的深度和宽度，提升工作绩效。

4. 正念能够让团队对于所有的新想法持开放态度，并且更容易地为团队贡献自己的智慧。

5. 正念鼓励开放和慈悲这两种有利于合作的心态，并促生互相帮助、协同工作的文化，取代人与人之间的忌妒和竞争。正念还能教人以全新的态度对待失败，让人从失败中学习和成长。正念还能激励人对于当下所有充满感恩，并对未来前景报以期待。

6. 领导力压力下的情感机敏性，需要滋养和自我关照才不至于让自己心力交瘁。

7. 正念的有益之处在于，可以提高人对自我和他人的认识，从而为创造力、决策和学习搭建一个明晰的平台。您的机构可以根据自身情况来利用这一益处。

8. 正念练习不仅有益于自己的工作表现，还能进一步改善私人生活。

9. 请大家谨记，无论你以何种方式将正念纳入职场中，正念只能用于完善行之有效的机构组织程序，否则可能会产生一种"伪成长"文化，这种文化百害而无一益 [马斯洛（Maslow）, 1970]。

正念工具包

◆ 正念仍然是有关领导力的重要话题。

◆ 将正念纳入工作日程的公司，绩效有所提升，但仍有人对正念有些许疑虑。

◆ 本章向读者介绍正念的发展渊源及其在职场的应用。

要 点

1. 务必记住，正念可以帮你在繁忙的日程当中为自己赢得宝贵的片刻休憩时间，让你放空大脑，通过深呼吸放松，再处理下一项工作任务。

2. 时不时地停下来体会下自己身体的感受。

3. 尝试每天都规划出一小段时间来做正念练习（哪怕是睡前10分钟也可以）。

行动

1. 体验深呼吸的神奇效果

在今后开始演讲之前，先做几次深呼吸，看看有什么不同效果。深呼吸的时候，提醒下自己将要使用的首句开场白。通过该练习，你可以用一点时间理顺思路，其后便可以充满力量、打动人心地慷慨陈词了。

2. 精力更加充沛地处理多项任务

在两项任务之间，有意识地放空自己的大脑：

◆ 在参加当日的第二场、第三场、第四场会议之前，停下来片刻，"抖擞精神"，然后再激情满满地赶赴新的任务。

◆ 在处理多封邮件的间隙，伸展一下胳膊（保持伸展动作8秒），再往前伸展双腿（然后保持8秒）。

◆ 及时去洗手间，并在洗手间里往脸上撩些凉水，然后再回来继续工作。

看起来微不足道的活动能够使自己重新能量满满，并专心地处理后续任务，取得良好成效。

我所尝试的活动

日期	活动名称

有效果的活动

日期	活动名称

若有必要，可单独使用一张纸。

冥想方法

正念放松

当你在指导下进行冥想时，记住这段时间只属于你自己，把手机关掉，离开电脑，置身于不被打扰之处，享受这段自我放松和为自己充电的时间。冥想完再次回到他人身边时，你会觉得更快乐、更健康，精力更充沛。

随着自己开始放松，首先专注于自己的呼吸，先通过鼻孔深深地吸气，屏住呼吸片刻，然后通过嘴巴呼出。每一次吸入的都是令人心旷神怡的清凉空气，呼出的都是压力和紧张，每一轮呼吸后你都会感觉更加放松。

专注于呼吸，吸入令人振奋的清凉空气，呼出压力。当你呼气时，让此时所体会到的放松感一直流入双脚，以便取得全身放松的效果。现在，再让放松感流过膝盖，流到脚踝，流遍双脚。现在，再让这种感觉流经双腿，继续让身体放松，接着让放松的感觉流经躯干，使其为你充电，使你放松。接着让放松感从颈部往下流，流经躯干，流遍双腿和双脚，一边呼吸一边体会这种放松感。最后，放松头部、肩膀、胳膊、躯干、双腿、双脚，体会平静、清爽、放松的感觉，一边让吸入的空气为自己补充能量，一边让心绪保持平和。

继续呼吸，享受呼吸带来的感觉。

现在，想象一个对自己有着特别意义的地方——可以是自己曾到过的很特别的度假地，可以是自己的家，还可以是自己想象中曾到过的地方——不管这个地方在哪儿，都努力构想一下，同时保持放松，保持补充能量的状态。

继续构想这个地方，感受身临其境时所体会到的温暖和舒适感，想象一下这里的居民和动物，或此地其他对你有特殊意义的事物。此地安全、温暖，更重要的是，这是属于你的地方。

享受这个能让你放松、为你补充能量的特殊之地吧。

请记住，每当你想回到这个地方时，都可以回来——你可以闭上眼睛，专心呼吸，继续构想这个地方，也可以重新做这个指导下的冥想练习。

但这是属于你的地方，一个特别、祥和的地方，能让你感觉温暖、舒适、安然自若。

当你构想这个地方时，感受其中的温暖、舒适，感受这个地方所散发出的能量，让这股能量沐浴自己，让你放松，为你补充能量，助你准备好面对接下来的任何任务。这个特殊地方是你的天地，你可以到此来让自己重新精神饱满，因为你可以吸收这片天地中的能量。

让这股能量从你的房间流遍全身。此时的你，心态放松，不断地补充能量。通过吸入这些能量，你会觉得越来越清爽，越来越充满活力，越来越能量十足——这是因为你刚刚享受了一段属于自己的时间。

继续沉浸在这种感觉中一会儿。吸入能量，呼出空气，放松，享受重新振作的感觉。

吸气，屏住呼吸，呼出。

吸气，屏住呼吸，呼出。

现在的你，处于放松状态，充满勃勃生机。

好了，现在，开始从这个对自己有特别意义的地方回归，准备好开始活力满满、能量十足地处理今天的任务。

记住，你随时可以回到这个地方来。

现在，我会倒数10个数。我一边数，一边请你慢慢地感知周围的一切，此时的你，仍然充满活力和能量。

十，九——开始感受自己的脚和脚下的地方，动一下脚趾，再动一下脚踝。

八，七——感受下自己坐着和卧着的平面，感受平面和身体之间的压力。

六，五——感受自己的胳膊和双手，摇一摇手指，伸一下胳膊，继续体会美妙、清爽、放松的感觉。

四，三——感受周围的声音，动一下颈部和头部。

二，一——准备好了之后，就可以睁开双眼，开始这全新的一天了。

第2节

解决问题与做出决策

开放式问题

◆ 你知道解决问题和做出决策之间的区别吗?

◆ 你解决问题或者做出决策的步骤——定义问题,确定解决方案并执行,会受到自己所抱持的偏见影响吗?

应用正念于解决问题和制定决策的过程

如今,越来越多的工作需要独立决策和独立解决问题的能力,我们的教育体系需要与时俱进,着重培养这些能力。

——西摩·佩珀特(Seymour Papert), 1997

　　领导者们每天都要制定各种决策。作为领导者的你，有自己的一套固定的方法和策略，还是依赖以往的经验？正念能够帮你认识到自身知识的局限，认清自己的判断倾向、价值观和目标［雷布（Reb）等，2014］，使自己把有用的信息从纷繁杂音中挑拣出来，以便做出自己有把握的决定；正念还能让你在决策过程中发现真正的耽误因素（给我们带来最多像业绩损失、客户流失这些可估量的难题的因素）。若没有正念，你在解决问题的过程中可能会过分纠结于只是让自己苦恼或是根本无关紧要的因素。

　　制定决策和解决问题虽是相关的过程，但是领导者务必对两者做出区分。这是因为，有些正念练习方法有助于提升整体的感知力，但还有些只会对制定决策和解决问题两者之一有利。使用不当的方法会妨害两个过程，还会有损你的信服力。

解决问题和制定决策的区别

　　虽然"解决问题和制定决策都涉及利用相关信息来采取适当行动"［维特布莱德（Whitbred）和格林（Greene），2017］，解决问题的独特之处在于必须先发现问题的根源所在。其预期成果是明确的，就是把问题解决掉。但如果不先把问题的根源找到，就无法实现这个预期成果。

　　相比之下，做出决策不需要"寻根溯源"，只是在不同的行动方案中做出选择，其过程是明确的，每一种选项都要依不同参数进行衡量，但其结果只有在决定做出之后才能知晓。用维特布莱德和格林（2017）的话来说："侦探就是解决问题的人……他们的目标是明确的，但过程却是不定的；法官是做出决策的人，

他们的过程是明确的……但他们的目标却是不定的。"

解决问题是找出原因，做出决策是从已有选项中做出选择，但在解决问题的过程中一旦找到原因，常常也要通过采取行动来选择合适的问题解决方案。

为什么要强调二者的不同点？

领导者在其工作中利用正念时，若将二者混淆，对过程和结果都会造成不利甚至有害的后果。

试试下面的练习：

 练习2.1

> 你是唯一有权力决定一位员工能否晋升的管理者，现在，你已经对这位员工进行了面试并且整理了面试反馈信息。
> 接下来你要做什么？

领导者，尤其是经验不够丰富的领导者，常会对做出决定有些畏惧，因而要求助其他管理者。然后，把一个待做出的决定视作待解决的问题会变成需要"全员决议"的局面，其中有些人可能根本不了解你的团队的需求，更何况还会浪费掉所有人的时间，其他人还会因为你的犹豫不决而对你失去信任，甚至认为你不情愿承担责任。

试试下面的练习：

🎯 **练习2.2**

> 你现在需要为部门节省开支，而你的上级已向你表明，部门不需要裁员，你该如何处理？

在这个例子中，一个更为谨慎做法的是，审核下部门预算内容，然后和部门员工讨论在哪一环节可以减少投入。一家英国国民医疗服务体系的部门就曾遇到过这种情况，该部门的领导想到，她可以培训员工学习如何避免浪费，这样便可以节省足够的开支了。若是把一个要解决的问题视作待做的决定，那就会制造出更多问题来。比如，在这个例子中，若以裁员作为节省开支的手段的话，就会造成员工短缺，部门其他成员必然会因为担负了更多任务而疲惫不堪。

如何决定采用什么手段？

有些时候，一项任务的本质是决定还是问题显而易见，简单的经验法则是：

◆ 这项任务的最终结果是确定的，但我还不知道解决手段的话，那么这项任务就是一个问题。

◆ 如果我需要在不同的选项之间做出抉择，但无法控制采用不同选项所导致的结果，那么这项任务便是决定。

利用正念解决问题

一旦确定一项任务是待解决的问题，下一步就是把这个问题阐述明白，其后部门才可以着手解决。不少人在做到这一步时会觉得有困难，如果我们认识到此时会妨碍我们进一步行动的思维偏见的话，就会明白为什么人们会觉得困难了。

如何为自己的部门框定问题？

首先，要着眼于事实，不要被自己对问题的主观看法所禁锢。

你过往的经验常常会让你在解决新的问题时对其性质带入一种先入为主的看法。这当然是一种很自然的习惯，因为你在自己的工作经历中曾经遇到过类似的情况，或者你的部门同事已经一五一十地向你报告过问题。然而，我们必须经常亲自用心地了解情况，即便只是通过主动与相关人员进行一次视频通话。

当同事们向你报告问题时，他们大概不会故意让你对问题产生误解，但他们对问题的看法本就难免有失偏颇。比如，我们在职业生涯中所积累的信条，常会潜意识地左右我们对当下问题的判断——对惯于反思总结的决策者来说尤为如此。

试试下面的练习：

🎯 **练习2.3**

练习所需用品：一个色子，或手机上的色子应用。

说　明

一个醉汉从A点走到B点。

A ————————————————————— B

你通过掷色子来追踪他的行走路线，一共掷24次，如果你掷出的结果是偶数（2、4、6），醉汉往上走；如果结果是奇数（1、3、5），那醉汉就往下走。每掷一次，就在线上做个记号。如图所示：

在掷第一次色子之前，首先预测：

你认为在24次掷色子的过程中，醉汉会跨过中间的这条线多少次？

A ————————————————————— B

当你掷完24次之后，发现醉汉实际跨过中间这条线多少次？

[卡迈克尔（Carmichael），2017]

此前你的预测准确吗？

你所预测的醉汉跨过中线的次数是12吗？

我们大多数人在对未知结果做出预测时，都会有意无意地采用"平均律"。在上面这个练习中，平均律使我们想当然地认为，经过我们24次掷色子后，醉汉会跨过中线12次。但实际上，因为他会离中

线越来越远，也越来越难以回到中线的位置。

同样，我们在认识问题时，也存在相似的思维偏误。

我们在潜意识中对问题发展情况做出预测时，常常会遵循某些定式，如果我们依照这些定式臆想当下的问题所在，就无法认识到问题真正的根源。比如，你的两位部门成员之间有矛盾时，你可能主观地认为这只是因为两人"性格不合"。依据过往的经验，你相信过段时间一切就会"云淡风轻"，你便只是轻描淡写地草草处理这个问题。然而，当下的这个问题可能需要你重新对其进行研究，相比之下，你依据经验所采取的行动，可能治标不治本，或根本就是一种张冠李戴的解决方案。

诚如我在前面所说，经验对当下的问题并非毫无用处，只是我们要认识到，当下的问题可能有其独有的元素，我们需要对其做出探究。

通过认识到自己的过往经验所导致的先入之见会影响我们的判断，你就可以更好地了解自己所持的认知谬论和偏见，并且在解决问题时克服它们。

三种常见的干扰解决问题过程的误解和偏见

你是不是也会受困于此类思维方式？

◆ 我的想法万无一失，因为我对自己的想法了如指掌。

◆ 我知道我的团队的工作在正轨上，因为我自己的工作在正轨上。

◆ 越显眼的问题带来的威胁越大。

作为领导者，你必须要有自己的信念，并且要相信自己和团队的能力以及自己对竞争对手的了解。不过，若是你自信膨胀成自大，或是自我过于依赖自信心，此时，自信心反而对解决问题起反作用［科林·鲍威尔将军（General Colin Powell），2011］。

从经验中获得解决问题之道固然重要，但要切记，利用经验指引自己未来行动时要保持思想开放。对于未来可能发生的事情，你的预测可能会有所疏漏；你通过自己所信奉的经验法则所做出来的判断，也会与真实结果有所差异。

"我的想法万无一失"

 练习2.4

> **思维实验**
>
> 开车时不得使用手机，因为手机会让人分心。目前有些公益广告上会呈现司机因为发短信而分散注意力所造成的灾难。看过广告后，你可能会满不在乎地想："那是发短信。如果我不发短信，能有什么问题？……语音通话总没问题吧？"
> 但设想一下，当你在打电话时，手机从手中滑落了怎么办？

如果你坚信自己事无巨细，因此你的工作表现能够完美到不容置疑，那你就大错特错了。是人就会犯错……他们所掌控的体系越庞大，错误的后果就越是不堪设想（卡迈克尔，2017）。

"我的团队的工作在正轨上，因为我自己的工作在正轨上"

如果仅仅是因为你自己所做的工作都在正轨上，就想当然地认为自己的团队能上行下效，那未免太主观了。每个人的看法都或多或少有主观性，我们得认识到，仅仅通过自己的认知来了解这个世界就难免会有很多偏误，这些认知偏误会妨碍我们认识问题的根源所在。

试试下面的练习：

 练习2.5

> 准备一根小绳或者领带、丝带，如果你的鞋子有鞋带的话，也可以用鞋带。
> 向另外一个人讲解如何用一根鞋带打出一个蝴蝶结来，这个人必须按照你的讲解来做。
> 进展如何？

你会发现，别人不仅和我们的思维模式不同，在表述同一个事物时，他们所用的术语都不一样。要留心观察，才能认识到这些差异。

现在想一下，越显眼的问题越是大问题吗？

很多人都认为如此，因为大家都听到或者读到过大型销售公司或者零售商区的竞争导致很多市内商铺经营惨淡的报道，媒体和影视圈会乐此不疲地报道大公司压榨小人物的故事。然而，卡迈克尔（2017）认为，那些抢得先机的人或者商家，才是真正的威胁。如果你有好的点子，其他人也可能有同样的点子，真正的竞争不仅在于谁能用更大嗓门喊出这个点子，还在于谁先喊出这个点子。面对问题时，你可能会心生恐惧，此时尤其要镇定自若，确保自己把握问题的真正所在。

正念而用心地定义问题所在是解决问题的好开端。不仅如此，正念对获得问题的解决方法也有助益。

正念与"顿悟性问题"

在本节中，我们之所以还没有提及冥想，是因为冥想的作用仅能发挥在特定类型的问题上。

奥斯塔芬（Ostafin）等（2012）将问题归为两类：

◆ 顿悟性问题，即那些需要"灵光一现"才能解决的问题。
◆ 非顿悟性问题，即可以利用经验解决，或者可以按部就班地解决的问题。

顿悟性问题

以"九点四线问题"为例：用一笔画四条连续的直线段将图中九个点连接起来。

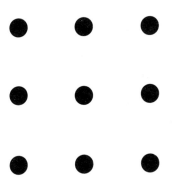

图2.1 九点四线问题

非顿悟性问题

以"汉诺塔"为例：

图2.2　汉诺塔

在这个益智游戏中，玩家的任务是用最少的步骤将所有的圆盘从最左边的小木桩套到最右边的小木桩上（小圆盘必须在大圆盘之上），最后圆盘的排列顺序必须和图中一样，底部的最大，往上依次递减。

一位领导者当然可以利用经验解决第二类问题，但是面对第一类问题，不管你的经验如何老到，只要没有遇到过，就和所有新手处在同一水平。这类问题无法按部就班地解决掉，往往需要的是"灵光一现"。

奥斯塔芬等（2012）通过对比研究发现，经过10分钟的冥想后，实验组成员解决顿悟性问题的速度要快于花了同样10分钟听有关自然历史讲座的对照组。奥斯塔芬在其研究中解释道：因为我们解决问题的过程是"话语–概念性"的，即我们自己对问题的认知会指导我们解决问题的方法，而这种思维定式可能会不利于顿悟的闪现。换言之，我们利用自己的语言定义问题，同时，我们的语言的局限也会妨碍对问题的定义，导致我们不能及时想出解决方案。

虽然有关正念对创造力和创新力影响的内容在本书的下一节，但我需要提前提醒大家的是，即便是片刻的正念冥想，也可以帮你放空大脑，为"灵光一现"提供头脑空间。

试试下面的练习：

 练习2.6

如果一个难题让你百思不得其解，尝试以下方法：

1. 访问www.draudreyt.com/meditations，播放"正念解决问题"（Mindfulness for problem solving）音乐。

2. 对这个难题做出描述，包括：

—— 这是什么问题。

—— 发生在何时何处。

—— 哪些人牵涉其中。

—— 问题怎么发生的（其发生有没有规律）。

—— 你期待什么结果。

[章（Chang），2012]

3. 描述你可能的解决方案。

在解决问题的过程中，如果你需要评估各种方案或者策略，那么这就需要做出决策了。此时，正念练习又可以派上用场了。

正念决策

如果你需要做出决策，或者在问题解决过程中要选择一条路径时，正念可以在以下过程中发挥作用：

◆ 定义问题。
◆ 收集信息。
◆ 获得结论。
◆ 反思总结。

在采取下一步行动之前，首先你要思考 "……是否有做出决定的必要性"（Insead Knowledge网站，2014）。然后，通过正念思维方式，你可以认识到自己在做出判断时的思维偏见。

框定问题

小心在做出决策时被情绪性偏见所干扰。

社会心理学家海特（Haidt）在他的著作《象与骑象人》（*The Happiness Hypothesis*）中，将一个人在做决策时的理智和情绪分别比作一头大象和骑象人，并向读者发问："到底谁是主导？"在海特看来，理智这头大象的力量和体积使它能够不被情绪所主导，但是，代表情绪的骑象人，仍会倾向于某个方向，从而影响大象的前进路径。

然而，对有些问题来说，并非自己的理智克服情绪就一了百了了，而是要对症下药，确定二者孰轻孰重，比如，在购置房产时，理智在决策中要有主导权，但在选择恋爱对象时，恐怕理智就得退居二线了。

如果你在做决定时更推崇自己的感觉，那么理智、证据大概都无法撼动你。借助正念，你可以辨别自己的决定更受哪种力量主导，即便你仍然选择信任自己的情绪，此时也是一种有意识的选择。

进一步来说，对于自己欲望的真实感知意味着，你可以收集和考察证据，最终形成更明智的结论。这些证据不是那些仅仅使你的欲望合理化的片面依据，而是全面合理的实据。

试试下面的练习：

 练习2.7

靠抛硬币来指导自己做重要决定诚然并不可取，但如果你在做决定时，想清楚硬币的正面和背面分别代表哪个选项，然后抛出硬币。硬币抛出后，双眼不要看，而是为自己的大脑做一个"微扫描"，体会自己到底倾向于哪一种选择。

不要看抛出后的硬币，留心自己身体所释放的信息。

收集信息

寻找"零假设"——寻找和自己的偏见相悖的证据并克服偏见

埃利奥特·阿龙松（Elliott Aronson，2017）曾谈到他对于"TED演讲式心理学"的担忧，推崇这类心理学的科学家们，仅仅使用能够佐证他们结论的证据，来推销自己的"通俗心理学图书"。他呼吁，人们为了做出决定而收集信息时，一定要"寻找零假设"。这在为利用正念做决策而收集信息时也同样适用。

不要只看到能够支持自己所偏好的决定的证据，还要留意那些与之相悖的证据，当你利用这些证据形成能够推翻自己所偏好的决定时，就试着推翻。

然而，此时你所偏好的决定若仍不可撼动，你依然要坚持自己最初的决定。那这些决定就十有八九是最佳选项了。

避免"沉没成本"偏见

所谓沉没成本，即是那些已经"发生在过去，而非当下或未来"〔加扎耶里（Jazaieri），2014〕的事情。加扎耶里（2014）举了持续了很久，但并不幸福的浪漫关系这个例子，此类关系中的情侣，因为已经在一起多年了，还是倾向于继续维持这段关系。他解释说，想要看到自己的投资——尤其是在时间上的投资有所回报，并且希望继续坚守能够带来好的结果，是人性本然。但十分不幸的是，众多过来人的经历皆已证明，这种坚守常常徒劳无果。在一个工作部门的语境下，这和一种无效用的合作关系，或者一个自己不喜欢并且没有任何提升空间但已经做了很久的工作类似。哈芬布拉克（Hafenbrack）等人（2013）研究发现，做一系列的15分钟深呼吸冥想练习就能"弱化沉没成本式的思维倾向，并在做出决策时不再那么受过往经历所影响"。他们还发现，正念冥想练习"减弱了对将来和过去的执迷，从而减少了消极的心情和情绪，最终减弱了沉没成本对自己的影响"。

当人必须与自己经营多年但不见成效的东西割舍时，通常都很难下手。举例来说，可能有一个员工，自从你招募他来时便一直支持他，但虽然有此倾力支持，这位员工仍然表现不佳。此时你虽然不情愿辞退他，但也要顾虑到继续留用这样的员工时你的团队或者部门所要付出的成本。

为了帮你克服对沉没成本的执迷，现在试试下面的练习：

 练习2.8

访问www.draudreyt.com/meditations，播放"五感冥想"（Five senses meditation）或"身体扫描"（Body scan）音乐。

这些曲目播放起来很方便，适合睡前或者醒来之后听。你所做的此类练习越多，自己对当下的感知力就越强；相应地，你就会越少纠结于过去。虽然不能保证做出选择就一定能产生有利的结果，但能够给你带来一个全新的机会；反之，一次又一次重复同样的行为，绝不会带来什么新成果。

获得结论

想一下：你要在有限的时间内，利用有限的资源为一位客户完成三项业务，如何决定从哪儿入手？

有些领导者已经有了一套有效的体系，另外一些领导者可能会让自己经验丰富的团队来做决定，但如何才能确保自己的"舒适区偏见"不会左右自己的决定呢？这样的偏见会诱使你选择自己喜好的或者认为是最简单的任务，而不是最紧迫的任务。

试试下面的练习：

 练习2.9

对三项任务做出评估

根据你对自己团队的了解，用1—10为完成一项任务所需的精力评分。

根据客户对你的报告，用1—10为一项任务对于客户的重要程度来估值。

现在，为另外两项任务也做同样的评估，并利用你所得出的估值来帮助自己做出选择［苏奈维尔特（Soonevelt），2017］。

你的评估可能是这样的：

第一项任务	第二项任务	第三项任务
所需精力值=9	所需精力值=3	所需精力值=3
重要指数=8	重要指数=8	重要指数=3

通过让一般情况下内在的看法可视化、量化（虽然很主观），那些涉及资源配置的决议就不再那么无从下手了。同时，这个练习提醒读者，在做出决议时，把客户的陈述作为考量因素也至关重要。把练习中的估值套在刚才的例子中，我们就可以得出结论：应该先从第一项任务入手，因为这项任务需要更多的精力；然后再去处理更容易的第二项任务，这项任务的重要程度与前一项相同；最后，再来处理第三项任务。当要和相关人员合作完成任务时，如此做法尤为有效——虽然你的团队可能会说最好从第二项任务入手，以便"速战速决"。

但不管怎样，这种方法都能让你避免从第三项任务开始，尤其是如果这项任务做起来更轻松愉悦，或者说团队里面话语权比较大的人"十分想做"的情况下。

虽然你可能在想，"但是我没有功夫这样做"，其实，正如任何行动都可以成为习惯，正念练习也可以习惯成自然。正如要开车一段时间后才能"不假思索"地开，习惯是在不断的实践中养成的。如果你的习惯都是好习惯，那工作会变得多么高效啊！

反思总结

在情境中评估自己的决定

如果你后来决定推翻自己之前的决定，请记住，你最初所做的决定在当时确实是有据可依的，但生活充满变化，时代也会演进，人们的优先考量也不会一成不变。此时，并非你之前的决定过程有所疏漏，而是现在情况有所不同，你所要优先考量的重点也不再相同。

总　结

1. 解决问题和做出决策是两种不同的步骤，但正念感知在两种步骤中都可以派上用场，并且能够帮助领导者区分二者。

2. 个人的、情绪上的偏见以及过往的经历，都会妨碍我们利用正确的方法解决问题或做出明智的决策。正念冥想练习或者深呼吸能够帮助我们放空大脑。

3. 对当下状况从不同角度做出表述，有利于我们做出更好的决策，也会使思维过程更明晰而客观。

4. 在解决问题或者做出决策之后，也要不断地反思总结，研究决策的反响积极与否，但在反思时不要脱离最初做出决策时的情境。

正念工具包

◆ 领导力技能训练有时候会将做出决策和解决问题混为一谈，从而导致不良的后果。

◆ 善用正念的领导者能够将二者做出区分，并且充满自信地做出决定，思路清晰地解决问题，避免情绪和认知偏见。

要　点

1. 时刻谨记，利用正念，你可以在自己繁忙的日程中分配出一些空间来"放空大脑"或深呼吸，然后再精神饱满地赶赴下一项活动。

2. 在解决问题或者做出决策的过程中，时不时反思一下自己所偏好的选择，并检讨自己的偏见。

3. 实事求是地面对问题或决定，尽管做调查研究花时间，但对于这样做所产生的成效来讲，可能事半功倍。

行动

1. 头脑越清晰，方案越容易达成

今后在面对问题或决定时，停下来观察四周。有意识地使用自己的感官与周围的环境互动，体会其中的画面、声音、气味、味道、触感。在解决问题时不妨也做此活动。

2. 寻找"无效点"

在做出决定时，不要简单地列出一项决定可能存在的优点和缺点，试着先列出其缺点来，再试图驳倒这些缺点。要寻找自己所做出的决定的支持论据从来都不难，但如果你花一点时间审视不支持自己看法的看法，你最后做出的决定，一定是一个自己更确信的决定。

我所尝试的活动

日期	活动名称

有效果的活动

日期	活动名称

若有必要，可单独使用一张纸。

冥想方法

深呼吸指导练习

现在做一套简易的深呼吸指导练习。白天做此练习可以让自己镇定下来，晚上则有利于入眠。

找一个自己不会被打扰且感觉舒适的地方，坐下或躺下，闭上眼睛。这套练习包括5轮深呼吸：你需要用3秒钟通过鼻孔吸气，屏住2秒，再用5秒钟通过嘴巴往外呼气。这套练习是很简便的放松活动，能让你心绪安定，聚精会神。

通过鼻孔吸气，一，二，三，

屏住2秒，

呼出，四，三，二，一。

再来一遍：

通过鼻孔吸气，一，二，三，

屏住2秒，

呼出，四，三，二，一。

在呼吸的时候，体会身体的紧张状态得以缓解的感觉。

通过鼻孔吸气，一，二，三，

屏住2秒，

呼出，四，三，二，一。

你所吸入的空气清爽、平静、洁净。

通过鼻孔吸气，一，二，三。

屏住2秒，

呼出，四，三，二，一。

你的紧张状态也随着空气呼出。

最后一次：

通过鼻孔吸气，一，二，三，

屏住2秒，

呼出，四，三，二，一。

当你准备好后，就可以睁开眼睛了。

五感放松

接下来做一套简易的放松指导练习。通过这个练习，你可以提升感知力，感受到所有通过你的感官进入体内的内容，最终让你在工作中更机敏，观察力更敏锐。首先，以舒服的姿态坐下或躺下，关掉手机和电脑，确保自己不会被干扰。

首先，做3次深呼吸——通过鼻孔吸气3秒，屏住2秒，呼出5秒。

继续，鼻孔吸气3秒，屏住2秒，呼出5秒，四，三，二，一。

再做一次：鼻孔吸气，屏住2秒，呼出，四，三，二，一。

现在你继续深呼吸，我来指引你做五感放松练习。

首先，将注意力集中在头脑中可见的东西，用头脑观察自己的房间，尽量看清楚其中的细节之处。前面是什么？两面有什么？往上看，往地上看，往身下看，分别能看到什么？如果看不清楚，不要担心，一会儿你可以回到这个状态，辨明自己所看的东西。

现在，无论自己看到了什么事物，努力让眼前的图像更清晰些，让头脑中的视线聚焦其上。想一下自己所见到的事物的颜色、棱角和线条，想象使之更明亮、更鲜艳，让它的轮廓更分明、更清晰。

继续通过鼻孔吸气，屏住2秒，

通过嘴巴呼气，四，三，二，一。

继续通过鼻孔吸气，屏住2秒，

通过嘴巴呼气，四，三，二，一。

现在，把注意力集中在听觉上，你周围有什么声音？有说话声吗？车辆的声音呢？你可以听到房间里的灯的嗡嗡声、投影仪的声音，或其他的声音吗？你能认得出其中的任何一种声音吗？这些声音很吵还是很微弱？注意下各种声音的区别，是快乐、玩闹还是勤奋工作中的声音？先集中注意力聆听远处的声音，再把注意力转移到近处的声音上来：呼吸声、布料摩擦声、椅子的嘎吱声……你的生活就是由这些声音交织而成的。

继续通过鼻孔吸气，屏住2秒，

通过嘴巴呼气，四，三，二，一。

继续通过鼻孔吸气，屏住2秒，

通过嘴巴呼气，四，三，二，一。

集中注意力到自己可以尝到的东西上来：你可能需要喝水？或者

你饿了？你是不是刚刚吃过一顿美食？

继续通过鼻孔吸气，屏住2秒，

通过嘴巴呼气，四，三，二，一。

现在留心一下自己可以闻到的东西。室外的新鲜空气？等待出锅的美食？或者其他不一样的什么东西？周围都是什么味道？这些味道构成了一个什么样的生活环境？说明你周围的人是什么样子的？

继续通过鼻孔吸气，屏住2秒，

通过嘴巴呼气，四，三，二，一。

现在再注意一下自己可以接触到的东西，覆盖在皮肤上的衣服，身体坐在椅子上或者其他位置上的感觉？你感觉温暖还是凉爽？周围都有什么进入你的感知的事物？

通常，我们不太关注通过自己的感官进入身体的现象，但我们其实可以从中了解到很多，并且发现这些现象中存在的乐趣。等下次在风和日丽时走出房门，停下来聆听一下鸟鸣声，或感受一下肌肤被阳光温暖的感觉，或闻一闻花儿的芳香。当你在吃东西或喝东西时，慢慢地体会一下食物或者饮品的味道。

继续通过鼻孔吸气，屏住2秒，

通过嘴巴呼气，四，三，二，一。

继续通过鼻孔吸气，屏住2秒，

通过嘴巴呼气，四，三，二，一。

现在慢慢地让自己的感知回到房间中来，准备回到当下的工作生活中来。

准备就绪后，就可以睁开眼睛了。

身体扫描

做身体扫描时，最好躺下来。这是一项很有效的放松活动，在睡前做效果尤为突出。感兴趣的话，你可以写日志来记录自己在每个日期中做身体扫描时所体会到的现象。

找一个感觉舒适且不会被打扰到的地方，确保自己关掉了所有的通信工具，然后躺在一个舒服的位置。身体扫描的开始，我们要先做3次深呼吸，让身体随着一次次呼吸放松下来。

通过鼻孔吸气3秒，屏住2秒，呼出，四、三、二、一。

继续，鼻孔吸气3秒，屏住2秒，呼出，四、三、二、一。

再做一次：鼻孔吸气，屏住2秒，呼出，四、三、二、一。

现在你继续深呼吸，我来指引你做身体扫描。

首先，体会感知到自己的脚趾，动一下它们，然后放松，留意一下你动脚趾时和脚趾放松下来时的感觉的区别，让自己的注意力集中在脚趾上一会儿，脚趾有什么感觉？

通过鼻孔吸气3秒，屏住2秒，呼出5秒。

现在，把注意力集中到脚踝上来，动一下脚踝，然后放松，感觉如何？你在自己的脚踝上注意到了什么吗？

通过鼻孔吸气3秒，屏住2秒，呼出5秒。

现在，感知下自己的膝盖和小腿，有什么感觉？

通过鼻孔吸气3秒，屏住2秒，呼出5秒。

现在，扫描一下大腿，大腿感觉怎么样？你发现什么了吗？

通过鼻孔吸气3秒，屏住2秒，呼出5秒。

现在，扫描自己的骨盆和臀部，让这部分放松，注意身体的感觉。

通过鼻孔吸气3秒，屏住2秒，呼出5秒。

现在，把注意力提升到腹部，腹部有什么感觉吗？让腹部放松后有什么感觉？

通过鼻孔吸气3秒，屏住2秒，呼出5秒。

现在留心下自己的胸部，当你在呼吸时胸部有什么感觉？有没有觉得温和、轻松？

通过鼻孔吸气3秒，屏住2秒，呼出5秒。

现在，扫描自己的双肩和后臂，当你在扫描身体的每一部分时，要留意到这一部分，然后使之放松。释放肩膀里面的所有紧张，如果肩膀上有紧张感的话，到底是肩膀的哪一个部位在承受这种感觉？

通过鼻孔吸气3秒，屏住2秒，呼出5秒。

现在继续扫描手臂，从肘部开始，到手腕，再到手指。你或许想动一动手指，然后使其放松，此时手指感觉如何？

通过鼻孔吸气3秒，屏住2秒，呼出5秒。

现在，扫描你的脖子和下巴——我们有时候会无意识地咬牙或者伸张口部肌肉，现在这部分感觉如何？让它们放松一下，现在有什么感觉？

体会一下紧张和放松之间的差别。

通过鼻孔吸气3秒，屏住2秒，呼出5秒。

最后，扫描自己的面部和头部，同时让这部分放松下来。你注意到什么了吗？

通过鼻孔吸气3秒，屏住2秒，呼出5秒。

你可以做身体扫描来取代冥想，睡前做身体扫描则会帮自己放松入睡。它还可以帮你对身体的状况有更好的感知，让你觉察到身体部位的紊乱和异常状况，做身体扫描时你可以先记录下来，其后采取进一步措施。

通过鼻孔吸气3秒，屏住2秒，呼出5秒。

通过鼻孔吸气3秒，屏住2秒，呼出5秒。

当你准备就绪时，可以拉伸眼部，然后睁开眼睛。

小心地起身，或继续做呼吸练习，以便让自己快速入睡。

第3节

创造力与创新力

开放式问题

◆ 相比小时候，你认为自己现在创造力更强还是更弱？

◆ 相比小时候，你的好奇心更强还是更弱了？

◆ 你认为自己是一个创造者或创新者吗？（你是思考者还是行动者，或者二者都是？）

用心区分创造力和创新力的不同

每个孩子都是艺术家，问题在于长大成人之后如何能够继续保持艺术家的灵性。

——巴勃罗·毕加索（Pablo Picasso）

孩子们有着丰富而自由自在的创造力和天生的好奇心，它们会随着接受系统性的学校教育而持续减退，这不仅是因为孩子们的行为被各种行为准则和成长目标所束缚，还因为那些真正释放孩子的创造力的学科（像戏剧和音乐等）在课程中被严重边缘化［杰弗里斯（Jeffreys），2018，BBC（英国广播公司）新闻］。当一位领导者想要利用其团队成员的创造力和创新力时，大家就会目光呆滞，甚至面带惧色。而正念则可以改变这一现状，让人重新燃起灵感的火焰。

在前一节中，我们讨论了顿悟性问题和非顿悟性问题的区别，现在我们也必须要弄清楚创造力和创新力的区别，这是因为"机构团体常常缘木求鱼地追求创造力，而实际上他们所需要追求的是创新力"［马歇尔（Marshall），2013］。还有，反之亦然——有时候对于创新的追求反而会压抑创造力。

创造力的特点是：

◆ 主观性。
◆ 无法度量。

创新力的特点是：

◆ 为一个相对稳定的体系带来变化。
◆ 让一个创意真正可行（利用创造力资源）。

（马歇尔，2013）

由于一个富有创造力的点子是创新的开端，人们常常会混淆这两个概念。本章的主旨则是探讨正念对于以下活动的影响：

◆ 创意过程。

◆ 利用创意带来改变。

正念和创造构思的过程

吴（Goh，2016）将创造力定义为"……创造出新颖而有用的事物"。她将创造性思维分解为四个过程：

◆ 预先准备。

◆ 孵化过程。

◆ 付诸行动。

◆ 验证效果。

她还进一步发现，正念在前三个过程中能起到很大的作用（在第四步中也可以让我们更能悦纳批评）。舒特斯特拉（Schootstra）等人研究发现（2017），人们在头脑风暴之前只需冥想10分钟，就可以取得事半功倍的效果；吴（2016）强调，在生成创意的过程中，高感知力可以助益孵化和灵光一现两个过程。

然而，我们必须认识到，即便你认同这个理论，在头脑风暴之前找到时间和空间来做冥想练习并非容易的事，尤其是在团队成员之间相隔甚远，时间又不充裕的情况下。不过，研究表明，即便没有头脑风暴前的直接专注练习，哪怕团队成员学到方法并在晚上临睡前练习，正念冥想也能够对创造力有所裨益［沙拉德（Shallard），2017］。

问一下自己：

◆ 你能够感知到周围的一切事物吗？

◆ 你认为自己现在对一切都洞若观火吗？

要探索自己的创造力，首先要记住，即便对于那些认为自己"没有创造力"的人，周围的一切事物都会向其释放灵感——这当然需要有深刻的洞察力。

试试下面的练习：

 练习3.1

你现在需要报告周围的一切事物，包括就在身边的情况，用30秒观察一下。
你看到了什么？

_____

_____

_____

_____

你注意到周围的所有事物了吗？
真的吗？
你对于自己能看到周遭的全部有多自信？
但你抬头看了吗？
有没有往地上看？
你听到了什么？闻到了什么？触摸到了什么？

即便有人指导你观察自己的周围时，你也可能想不到要往上看或看地上，更不会想到要体会身边的气味、声音和触觉［比尔兹利（Beardsley），2016］。然而，当你真正能够调用所有感官，觉察到周围的一切时，大量的信息都会纷至沓来。若一间屋子顶上有个洞，那么即便把屋门关得再严实，也无法阻挡寒风吹进来，正如你在观察周遭时总有尚未考虑的事物，而练习正念正是要帮我们洞察一切。

一点小提示：提醒自己"记住要抬头看上面或往地上看"，或是"记住要调用所有感官"，能够大大改观自己创意构思的过程。

试试下面的练习：

🎯 练习3.2

在3分钟之内，在每一个格子里画一幅小画[1]。

试一下：

画得怎么样？

◆ 你如果想象一下天空或者天花板，能画出一幅什么样的画？

◆ 如果想象一下地板，你会有什么样的绘画灵感？

◆ 一种气味能激发画画的灵感吗？口味或者触觉呢？

---

1 此练习改编自理查德·怀斯曼（Richard Wiseman）的《那些怪诞又实用的日常心理学》（*Did You Spot the Gorilla*，2004），箭头出版社。

若有人指导，我们便能更容易发觉灵感的火花并将其转化为多种创意，怀斯曼在练习中让他的团队成员把自己想象成一个孩子或者宇航员，然后再从此二者的角度来画画。

如果你对于自己的创造力不够自信，因而拒绝接受需要创意的工作任务，现在这个练习就能帮你从不同的角度来获取灵感。如果你从客户的角度出发，在解决问题时也能有很好的效果，关于这点，本书中在有关"俭约式创新"（Jugaard）的一章会再做讨论。

克服情绪性偏见对于创造力的副作用

有时，产生创意的火花还是远远不够的，领导者还要克服情绪性的偏见，才能够充分发挥团队的创造性思维。

1. 预先准备

普凡库赫（Pfannkuch，2015）谈到人们有关创造力的顾虑，"人们会担心'如果我的想法注定失败怎么办'，或者'如果有人偷了我的创意并把它转化为生财之道怎么办'"。心存这两种顾虑时，人们常常不愿意公布自己的创意，而且还有第三个顾虑——"但这个想法不切实际"。就这样，领导者和他们的团队有时便对自己的创意讳莫如深。

我们首先得承认的一点是，不同的人能想出相似的创意是稀松平常的事，但是，若要将一个创意转化为行动（和创新），并取得实际成效，需要有人付诸实践，这样才能解决"但这个想法不切实际"这种把对成功的期待和生成创意的过程割裂开来的问题。史蒂夫·乔布斯在让他的团队设计一款"只有一个按键的手机"时，并没有事先考虑这个想法的实际可行性，而是先寻找到理想化的设计概念。

要将创新力和创造力转化为行动，首先要面对的障碍，出自鼓励团队生成创意，并将其陈述出来进而付诸实践的这个过程中。正念练习可以为团队成员创造出"安全空间"，让他们可以尽情表达自己的创意而不用担心受人嘲笑。

试试下面的练习：

 练习3.3

在一个头脑风暴活动中，参与人员要站成一圈。你现在要告诉他们，你手中有一颗隐形的球，这颗球会按照你的意愿变为任何其他东西，然后你要把这个东西扔给圈上的另外一个人，这个人要首先要重复你指定球变成的东西，然后再将其变成另外一个东西，说出这个东西的名称，再把它扔给圈子上第三个人，依次类推。

例如：

我现在手里有一颗球，我说"这是一只猫"，然后把它扔给队员B。

B将其"捉住"，说"这是一只猫"，然后又说"这是一支长矛"，接着再扔给队员C。

C接住这个东西，说"这是一支长矛"，然后再说"这是一个外星人"，再把它扔给D。

这个游戏不仅很好玩，你还会发现，参与的人会逼真地做出"捕捉抛物"的动作。

这个游戏不仅允许激发儿童般的自由感，你还可以向参与其中的人说明：你不仅鼓励创造力，而且至关重要的是要认可他人的想法，然后才能将其变为自己的想法。这样便可以鼓励团队成员之间互相倾听，并且让大家认识到创意往往受到外界启发这一事实。

在进行头脑风暴之前，如果你有时间做冥想练习，有一段"激发创造力的冥想练习"（Meditation for creativity track）音频在www.
draudreyt. com/meditations页面上可供下载。正念冥想练习能够唤醒儿
童般的自由创意（吴，2016），重新激活成年时被压抑的创造力，能
够让自己的头脑接纳不同的可能性。

2. 孵化过程

一个创意在应用的过程中，会很自然地产生各种变化。吴的研究
发现，通过简单的冥想，人可以在创意孵化成实践的过程中克服保持
想法一成不变的"执迷"，在验证过程中能悦纳批评，这样可以扩展
自己的创意，避免故步自封。

如果团队成员能够认识到故步自封对创造力的压抑，就会有正面
的启发作用。在下一章中，我们会重点探讨合作与团队协作，下面的
一个简单的练习，能够帮助大家认识到在执行创意过程中保持心态开
放的重要性。

🎯 **练习3.4**

在团建活动中，两个伙伴分别将自己标记为A和B。A首先用一条建议发起对话，B
的回复要以A的建议为基础，使用"好的……"（或"是的……"）这个句型。

比如：

A：我们一起去动物园吧。

B：好的，然后我们买些爆米花。

然后A再以B的建议为基础，继续用"好的……"这个句型回复。

要确保只要参与者喜欢，任何建议都可以提出。

然后再换种玩法，这次A提出建议，B要一直回答"不"，让A要独自继续说下去
（然后再转换角色）。

此时，向大家解释一下如果团队经常拒绝接受新想法或采纳提议，协同合作的难度会有多大。如果有时间，你还可以向团队成员解释为什么议会中会有"石墙战术"[1]。

通过让大家认识到固执己见会造成僵局（甚至很明显的敌对情绪），团队成员能够认识到开放的胸襟的可贵之处。如果大家继续探讨下为什么会有人固执己见，则有利于创造一个安全而充满信任的环境，大家在此环境中可以各抒己见，创造力便不会被自负心理所压抑。

3. 付诸行动

付诸行动类似于创新过程，都是指将想法转化为行动的过程。有了创意的团队就像有了一颗种子，他们需要让这颗种子最终结果。既然正念冥想能够为解决顿悟问题的过程带来积极的作用，它也一定能让头脑摆脱桎梏，在实际应用概念时受益于新的想法。

4. 验证效果

大多数理性的执行者，均不会把失败的试验看作试验的终点，但在将创意投入试验时，人们还是会惧怕失败。此时重要的是，你需要鼓励团队找到导致失败的根源。但人们对于根源分析同样怀有胆怯心理，因为根源分析并非常规的企业内部任务，而是紧跟着失败之后的纠正措施。魏克（Weick）和萨克利夫（Sutcliffe）在2007年倡议，公司可以改用一套"正念机制"，来执行以下活动：

---

1 石墙战术（Stonewalling），指议会成员以冗长的发言阻碍、拖延议案通过或阻挠议事。——译者注

1. 追踪微小的失败。
2. 防止过度简单化。
3. 执行过程谨小慎微。
4. 保持重新振作的能力。
5. 利用技术专长的转移。

（魏克和萨克利夫，2007）

这套方法允许犯小错误，团队成员在出现问题后会用心反思，它最出色的一点是：执行这个机制的团队首先要主动把创意演示出来，验证的效果由此也会得到相应提升，也不需要花过多精力处理实际操作时所出现的问题，因为问题已经通过演示得以避免［拉蒂诺（Latino），2013］。

正念与创新

科技是工具，而能不能利用科技来取得成就，在于你我。
——埃里克·席尔迈尔（Eric Schiermeyer），2011

有一个说法叫"创新是将点子转化为行动"，席尔迈尔发表了他对这个说法的理解："大多数取得成功且不断创新的科技公司，会利用它们独特版本的正念，认真地聆听人们的需求，并提供相应的产品。" 他没有具体说明到底是什么"版本"，但在之前我们"验证效果"这部分中已经提到，那些卓有成效的创新者，他们的开发过程都"有丰富的洞察力……并且构建得一丝不苟"，这些开发过程的灵感源自"培养智慧的实践"。那些自初创时起便用心运作的机构不仅努力提升工作成效，并且在工作流程的应用方法和设计方法上都会别出心裁，这样的公司自然能够抓住顾客的心。

只有创造力是不够的，你还要聆听客户的需求，要能敏锐地察觉到需求的变化，并使自己的工作过程能够反映客户不断变化的需求，随着其变化而做出相应的改变。切不可不断地将自己的想法生硬地推销给客户，而应该发现他们的需求，并在产品设计中体现这些需求。

问一下自己：

◆ 你对你的客户的需求有所了解吗？

◆ 客户的需求在过去3年中有何变化？

◆ （在工作方法方面和技术方面）你对于解决现在和接下来3年的客户需求做了多少准备？

舒尔茨（Schultz，2014）认为，一个检验自己在创新方面的用心程度的方法，是看一下自己周边环境所传递的信号。

试试下面的练习：

 练习3.5

> 环顾一下四周，在头脑中做一个笔记，把自己所看到的事物，还有这些事物所代表的意义记下来。比如，如果你的工作空间比较杂乱，这代表什么？如果你有一些文件留着，因为什么原因？如果你的日程表显示你还有事情没做，这让你想到什么？
> 让自己部门的员工也在自己的工作空间里做同样的练习，他们观察到了什么？他们缺少资源吗？如果缺少资源的话会有什么影响？
> 你和你部门的工作环境说明了你们现在是什么样的工作状态？

图尼耶（Tournier）和费林（Ferring，2017）认为，通过避免那些程式化的回应和归类方式，也可以提升创新的效果。可以指导部门成员在做出回应时，首先留心一下自己的第一反应，但同时也思考一下换一种回应方式可不可行。同样，在提供解决方案时也可以尝试下这种思维方式。这种正念用心的作为，能够促成自己和客户之间的内容更丰富的对话机制，并且能让自己发现多样的解决方案。

试试下面的练习：

 练习3.6

> 1. 留意一下自己对于客户请求的第一反应，接着考虑一下换一种不同的反应。
> 2. 留意一下自己即时提供的解决方案，同时考虑下有没有其他方案，条件不限（包括资金、时间、技术等）。
> 再让自己的部门成员做同样的思考练习[1]。

通过这两个练习，你不仅能发现与图尼耶和费林所发现的类似的信息，并且还能了解到提升自己的服务品质的方法。

如果你的部门做好这方面的准备了，那么取得创新就指日可待了。

颠覆性创新

如果创新产品或服务无法产生影响力，那创新的意义也就无从谈起了。每一个组织都想让自己的创新产品成为行业先锋，对现有的局势产生颠覆效应。实现这种愿望有多种途径，最直接的途径是由佩里·蒂姆斯（Perry Timms）在2018年所提出的制造颠覆性创新的"三步论"。

1　本练习改编自图尼耶和费林（2017）所设计的练习。

创新点	创新范围	创新形式
行业核心	行业周边	起革新作用的创新

创新在行业核心，意味着更新已有的、可能对业务有着核心作用的产品，这部分的创新涉及增加核心产品的尺寸、提升产品的配置，甚至是更换产品的颜色来满足客户或顾客的需求。

创新在行业周边，意思是要了解行业的新趋势，尤其是那些受到部分人关注，但还未浮上台面或未成为主流的趋势。然后与创意人士合作开展开发项目。

颠覆性或革新性的创新，常常要求从熟悉的领域进军到全新的或者完全不同的产品领域。这类的创新可能基于行业核心或周边的创新，只是已有业务与新业务之间的关联性不那么显著。

然而，部门成员或者其他需要你来说服的领导者，常常会对革新性的创新心存忌惮，因为这一步创新要求离开熟悉的领域而踏入全新的领域。幸好，你在这类创新过程中常常是可以获得帮助的。

试试下面的练习：

◎ 练习3.7

请你的部门成员（或你要说服的同事）聆听一段古典音乐［例如，帕赫贝尔（Pachelbel）的《D大调卡农》］，问一下他们这段音乐配什么舞合适。[1]

---

1 此练习改编自阿纳斯塔西娅·托马拉（Anastasia Tomara）于2018年1月30日在雅典的学习与发展会议上所介绍的另外一个练习。

再播放一首嘻哈音乐，问下他们这首和什么舞搭配。

问一下他现代舞与古典音乐（或古典舞与现代音乐）搭配合不合适。

最后，问一下如何应对一个想用嘻哈舞来搭配传统音乐的客户。

我自己在工作中也做过这个练习，发现虽然团队成员起初会认为这种搭配"行不通"，但还是会利用"三步论"：首先关注自己的"核心"，调整自己已有的能力，在此表现为增加一拍或加速音乐的播放速度；接着，他们会从包容传统与现代的文化中汲取与融合相关的经验；最后，他们便能很自然地提出"颠覆性"的创意，比如跳舞时身着正反两面不同的外衣，或采用反映这种歌舞风格的环境，这些创意通常能够提升人们对于音乐原作的喜爱，这样他们很有成就感。

🎯 练习3.7（续）

然后，播放带有卡农风格的46首现代歌曲（播放地址为www.youtube.com/playlist? list=PL1F978713F38AD934）。如果用嘻哈风格作为例子的话，就放一下《我们继续跳舞》（"We Dance On"，N-Dubz乐队和Bodyrox组合演唱）这首歌。

问一下大家音乐是怎么演奏的？伴舞是如何做到的？二者是同时进行的吗？

音乐是通过什么融合的？

各种风格的舞蹈和音乐是如何相得益彰，构成更为出彩的组合风格的？

要来测试从帕赫贝尔的《卡农》到今天的流行音乐的融合效果的话，有一首歌是不二之选，那就是英国Spiritualized（净化）摇滚乐队的所唱的《女士们先生们我们在太空漂荡》（"Ladies and Gentlemen We are Floating in Space"）。大家可能还会讨论到其他融合的文化产品，像饮食、服饰、建筑等，并从一定程度上认识到迈出舒适区，探索未知领域的收获。

一旦你的团队见证了创新所带来的效应，对于制造突破不再那么恐惧时，便会全情地支持并投入到创造和创新中去。

俭约式创新

不仅如此，正念领导者还能将创造力和创新力推向新的高度。拉德乔（Radjou）等人（2012）在他们所著的《俭约式创新》（*Jugaad Innovation*）这本书中，谈到了发展中国家对于早产婴儿保育箱的需求。在西方，这样的一个保育箱需要花费2万多美元，其中一部分成本来自对电的需求，而电具有一定的危险性。另外，将婴儿置于电灯之下是否安全也值得商榷（他们的答案是不安全）。于是，设计团队就着手研究客户们的需求，他们首先意识到自己的客户不是医院的医护人员，而是来自那些尚未供电的村庄的家庭。弄清楚以上问题后，他们最终设计出来了"便携式暖婴袋"，其灵感来源于袋鼠放置幼崽的育儿袋，这个设计则是在一个婴儿睡袋上加装了电暖宝。

这个暖婴袋的售价仅为200美元，对客户来说是一个实惠之选。

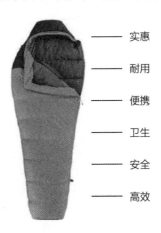

图3.1　便携式暖婴袋

虽然不是所有的企业都会有资金短缺问题，但基于类似于俭约式创新的考量，创意和其后的创新过程是一个极有价值的创新路径。你的企业是不是也常常以一成不变的方式进行创造和创新，只是因为习惯于经年累月地用此唯一一种方式？

在确定好包括资源、材料、成本这些考量因素，并且定位好用户和他们的需求后，你可以鼓励团队采用灵活的方法，这样他们就可能会有新的创造和创新，最终的效果定会比循规蹈矩地沿用习惯的方法更有用。

并且，这样做可以启发你的团队，让他们思路更加开阔。正如通过从他人角度思考能够引燃创意的火花，要取得俭约式创新，还有什么方法比观察大自然更好呢？

读者们可能会注意到，本章所提出的所有建议中，冥想的作用较为有限，但实际上，冥想在创新过程中也不可或缺，因为和解决问题时一样，头脑越清晰，效果就越出色［巴拉克（Barak），2016］。所以，大家可以做本书所提供的任意一套冥想练习，让自己心态平静、思路清晰，灵感便能在这平静中涌现。

总　结

1. 正念可以使人的思维像孩子一样具有创造力。

2. 创造力和创新力有所不同。若要制造颠覆效应，你不仅要有创意，还要执行创意。

3．通过引导感知力和/或者采用不同的思考角度，可以提升创造力。不仅可以采用客户或顾客的思考角度，还可以利用儿童、宇航员或任何人和事物的角度，这些都有助于自己开放式思考。

4．冥想不仅可以在创造过程或头脑风暴之前让自己心态平静下来，还能够激发灵感。所以，当创新遇到阻碍时，可以通过冥想来放空大脑，为"灵光一现"的一刻创造条件。

5．获取创意的途径之一是打破限制团队成员思考的心理障碍，比如害怕出错和担心别人剽窃自己的创意等。若能有一个正念冥想练习或放松专用的地点，便有了一个探索创意的安全空间，而倾听并认可他人，对于自己生成创意也有所裨益。

6．企业必须保证有高效的执行力。通过提升正念感知力，有助于人们及时报告问题，而非将其逃避或忽略掉。

7．要想成功创新，前提之一便是要认识自己所面对的问题，再以此为基础思考解决方法。确定具体用户的需求之后，有时可以灵活地采用俭约式创新。

正念工具包

◆ 认识到创造力和创新力之间的区别的企业，能够有效地利用二者。但二者中缺少任何一个，都会阻碍或局限企业的成功。

◆ 反之，采用体现节约性和灵活性的俭约式思维，对创造力和创新力来说都如虎添翼。

要　点

1. 让自己随时为创新做好准备，同时要鞭策自己为通过提升创造力推动创新提供一个安全空间。

2. 在自己的领域内，观察一下可以和哪些组织合作，协力产生颠覆性的创新。

3. 发散思维，避免为自己的创造力设限。

行动

1. 应用俭约式创新

在进行创新之前，首先考虑创新所服务的目的，然后观察能不能在大自然中找到类似的事物。大自然通常是最高效的工作者，所以看自己能不能从其俭约高效的工作方式中获得灵感。

2. 尝试"牵引"出创造力和创新力来

与客户、团队和"最终用户"沟通，了解他们的需求，再从他们的角度进行创新。忽略自己的同行所"喂"给客户的产品、服务或自己对于客户需求的主观臆断。

当然，你可以把通过各个途径所获取的调查结果统一起来。当人们的需求在你这儿得以满足，并且能够体会到你在满足他们需求上的用心之后，会提供更加积极的反馈。

我所尝试的活动

日期	活动名称

有效果的活动

日期	活动名称

若有必要，可单独使用一张纸。

冥想方法

通过冥想激发创意

找一个舒适的空间，闭上眼睛，慢慢坐下，深呼吸。随着自己放松下来，开始聆听周围的声音，此时，你能听到哪些平时会被耳朵过滤掉的响声？留意一下这种声音，然后放松，继续深呼吸。

现在注意一下自己的触觉：衣服穿在身上有什么感觉？你置于大腿或膝盖上的双手，对于大腿或膝盖的压力大不大？

今天的天气感觉如何？你觉得温暖还是凉爽？感受一下身边的空气，你闻到其中的香气了吗？香气可能来自午饭，也可能是来自窗外的新鲜空气。

再想象一下自己所能品尝到的东西和嘴巴此时的感受，同时继续慢慢地、轻轻地呼吸。

在为获得灵感而发散思维时，记得要调动尽可能多的感官，并且对于所有的想法都不要排斥，想法没有对错。

我慢慢地倒数五个数，与此同时，请渐渐地感知周围的所有事物，体会它们的触感、样子、声音和味道，你的感官会振作起来，并且助力于你的创意过程。五，留意周围的响声，四，闻一下周围的气味，三，体会一下味道，二，关注一下触感，一——你现在精神饱满，蓄势待发了！

通过冥想获得平和心境和清晰头脑

找一个不会被打扰到的地方，关掉手机和电脑。现在是你远离纷扰、获得平和的心境和清晰的头脑的时间。

在舒适的位置坐下或躺下。

做好准备后，我们就可以开始本次的冥想指导练习了。

首先，专注在自己的呼吸上：通过鼻孔吸气，再通过嘴巴呼出。

吸气时，感受一下每次吸入的令人心旷神怡的清凉空气，你所呼出的，是压力、紧张和一天的繁杂事务。

吸气，再呼出，每一轮呼吸后，你都会感觉越发放松。

想象这次冥想是在一片美丽的森林里，阳光一缕一缕地照射进来，周围有悦耳的鸟鸣声，还有一条小溪淙淙流过，溅起很多小水花。

此时，你还闻到了鲜花的芬芳，一缕凉爽的微风轻抚你的肌肤。

你看到一条小径，便漫步其上，感受一下脚下的青草，虽然地面可能并不平坦，但你仍在自信、坚定地向前走去。

踱步之余，你还会继续享受周围的一切美好——清凉的微风、动听的鸟鸣、和煦的阳光。此时的你，自信而放松。

继续走下去，你会看到这条路通向一座山，你便继续往高处走，仍然和在森林中一样自信。

此时的空气清新、阳光温暖，此刻的你，精神抖擞。

每一次呼吸，都能让你更加精神焕发。

在你继续往山上爬的时候，天空更加湛蓝，你的头脑更为澄明，你的呼吸让你充满能量，你的步伐坚定有力。

现在，你遇到了一块空地，这块空地景色迷人，非常适合坐下来休憩片刻。

头顶蓝蓝的天空、空气上暖暖的阳光、色彩缤纷的花丛，都让你神采奕奕。

你在舒适而放松地坐着。

呼吸着清新的山间空气。

此时的你，心境平和。

万物尽收眼底。

周围的一切安全祥和。

继续呼吸新鲜的山间空气。

阳光温暖、惠风和畅、心灵宁静。

继续呼吸吐纳，并享受这种感觉。

你可以在此尽享美好的时光，这是你的思想之地。每当你想回到这个地方时，都可以回来。

继续呼吸吐纳，并且享受这种平静的感觉。

置身于此，你可以洞察一切，就像在这些事物的外表观察它们一样，你有了全新的视野。

你对于自己所不能改变的存在安之若素，但对于可以改变的一切也会积极作为。

吸入新鲜空气中饱含的能量，让能量流遍全身，再将其呼出来。每一次呼吸，你的能量都得以补充，你的专注也得以提升。

在这种感觉中沉浸片刻。

待你准备好后，可以离开这块空地，沿原路下山，身怀满满的能量，脚步充满力量和信心。

不管你今天要面对什么，你都可以泰然处之。

当你走到山脚下时，留意一下脚底坚实的地面，开始感知自己身体所处的房间以及房间里坚实的地面和承载你身体的椅子。

保持着你清晰的思路和充足的能量，现在我会从五倒数。五，摇动一下手指和脚趾，四，动一下四肢，三，转动一下自己的颈部和头部，二，充满力道地伸展全身，一，准备好之后，便可以睁开双眼，返回自己的工作和生活中了。

第4节

人际关系与合作

开放式问题

- 在跨团队和跨部门合作中，你遇到过什么问题？
- 团队或部门内部的良好关系应该是什么样的？
- 合作或人际关系中的哪些问题会影响到你？

推广正念用心的关系

我们能够融洽相处吗？我们可以吗？

——罗德尼·金（Rodney King），1992

以上罗德尼·金的语录来自他就有关国际和社会问题所发表的言论，而我们观察人与人之间的小问题就能见微知著。成员间关系不融洽的团队常常无法取得良好的合作成果。团队成员当然不必是"最要好的朋友",但相互尊重、互相认可对方的价值对于精诚合作至关重要。正念能够帮助自己接受自我和他人,认识到每一种观点的价值所在,并且能够将他们的观点与自己的观点结合起来,但我们没有权力干涉别人的想法(Excellence Assured公司,2017)。

表明目的

Mindfulness Woks("正念有效",2017)这个网站上的正念减压法课程中说,要取得更好的合作成果,最重要的事情之一便是要明确合作是目的所在。要组织起一个团队时:

◆ 将合作作为团队的宗旨。
◆ 明确任何贡献都有其价值,那些与自己不同的观点更有价值。

然而,这两点对相距甚远的团队来说并不容易坚持做到。

合作的难处

2002年,作家帕特里克·伦乔尼(Patrick Lencioni)精准地概括了包括从缺乏信任到漫不经心等五大让合作崩溃的问题。当一个团队不能有效合作时,其工作成果会受到冲击,成员之间此时通常会充满怨念。

一个团队不情愿合作的根本原因是缺乏信任。

上一章的讨论中提到了不愿意分享自己的点子的现象,团队成员之间互相不信任的现象也屡见不鲜——原因可能是互相之间有过节,或者认为别人达不到自己的高标准，甚至认为自己的成绩会被拖后腿或被毁坏。

如果团队成员缺乏自信，担心自己的成绩在合作中不被领导认可，就更有可能单打独斗，或非常有限地接受他人的参与，以此独自掌控成绩，独享自己的工作成果。

然而，我们上一章就提到，互相合作能带来很多好处，比如及时发现并改正错误，互相认可所起到的作用和能力，以及比各自为战更出色的成果。

当然，如果一个团队是被迫合作的，就会有一些深层次的问题，比如惧怕冲突、缺乏责任感，这些问题都会造成大家对于合作的信奉仅仅停留在口头上，却并不会投入实际的行动，真正做出成绩。

惧怕冲突的心理可能是由于希望维持良好的人际关系。有些人想到冲突便会压力骤升（若读者有此类情况，可尝试通过第一节中的深呼吸练习来缓解），会做出积极参与团队的样子但不会真正投入。这样可能不会给团队造成什么严重损害，但对一个团队来说，如果不能利用有正面作用的冲突来注意到问题或解决问题，便错过了将矛盾转化为利好的机会。

因此，对一个缺少责任感、漫不经心的团队来说，真正的合作无从谈起，团队既无法实现自己的潜能，也不会有什么成长。

那么，一位有正念的管理人该怎么做？

通过以下方式使大家认识到团队的重要性：

对阵争球

"对阵争球"（scrum）这个概念由竹内弘高和野中郁次郎在1986年提出，起源于橄榄球比赛死球时双方运动员推挤争球使比赛重新开始的方法。后来便成了一个项目管理方式有关的术语，指利用一种让团队成员持续地反馈合作成效的管理制度。日常的对阵争球能够：

◆ 反映上次对阵争球后的工作绩效。

◆ 讨论遇到的困难和待完成事宜。

◆ 设立当日的工作目标。

对阵争球并不能代替部门会议，却是一种就项目的方方面面进行高效快速沟通的方式（如果大家相距遥远，可以采用视频会议在线沟通），也可以促进每个团队承担起自己的工作任务，并将自己的工作情况汇报分享。

和很多正念技巧一样，对阵争球是一种可以关注项目的方方面面使得成果清晰可见的实用方法。不同团队成员对于自己对团队成绩的贡献十分明了，并且会重视其他成员的贡献。而且，通过对阵争球，团队成员可以迅速处理所遇到的问题，逐渐建立起及时反馈以使问题得以立即解决的文化，避免将工作问题恶化为"责备文化"。（另外一个好处是，当团队工作进展顺利时，有了一个"论功行赏"的机会。）

看板管理

"看板管理"（Kanban）是由丰田工程师大野耐一（Taiichi Ohno）在1988年开发的使大规模生产活动中的所有团队对生产情况均有所了解的管理方式。后来有人开发了专门的看板管理电脑软件供部门内部安装使用。

看板的开发初衷，是使生产商能够更及时地应对客户需求，这种管理方式可以被广泛应用在各种大型项目中。

1. 逐步概述生产产品或执行项目需要的流程，将所有的有关部门考虑在内。

2. 列出所有的任务。

3. 明确截止日期。

4. 让每一个团队在系统内（可能是集体工作场所的手写板或电脑软件）标注各自负责的项目的实际完成日期，并在上面打钩。

举例说来，其运作流程可能如下所述：

一个团队或个人说明自己所负责的工作的完成时间（必须考虑到截止日期），下一个团队便可以跟进。不管有多少个项目，只要它们被逐一列出，都可以用此方式进行管理。假设有5个培训项目，利用上述方法，可以为5个项目单独设置截止日期，或者采用一个总截止日期。

看板管理之所以如此有效，是因为设置了与流程相关的规则。就丰田来说，如果在生产阶段发现一件产品有品质问题，会立即从生产线移除它。在上一段谈到的例子中，如果有一项规则说（出于质量考量）最多只能同时有两项培训项目可以得到评估，即，在"初步批准"这一列中，同时最多只能由两项内容（或日期）——如果显示有过多待办事项，比如在下表中所有的5个项目都已被列出，但仍未得以通过，就会被标记出，并临时指派专人解决这个"拥堵"。很明显，当人人对要完成的任务都心中有数，并且每项任务可以由不同的个人或团队来完成时，看板管理最为有效。

表4.1 开展新一期培训的流程表

1	2	3	4	5	6	7	8	9
	设计	初步批准	修正（若有必要）	最终批准	预订房间	市场推广	出货	反馈总结
任务一完成日期	2019年2月1日√	2019年2月6日√	2019年2月17日√	2019年3月1日√	2019年5月5日	2019年4月1日开始		
任务二完成日期	2019年2月3日√	2019年2月7日√	2019年2月18日					
任务三完成日期	2019年2月4日							
任务四完成日期	2019年2月5日							
任务完成日期	2019年2月6日							
最终日期	2019年3月1日	2019年3月14日	2019年3月21日	2019年3月25日	2019年3月31日	2019年4月1日—4月10日	（参考预订房间）	（出货3天内）

这种管理方式也可以使管理者一眼就看明白问题（或卓越的绩效）关键所在。并且，因为这种流程需要多技能的团队来负责，所以每一种任务中的每一个负责人都可以调配到其他任务中。

卡巴金常常说，要鼓励他人更有正念，这样大家就可以共同创造一个无私型社会了。邦廷（Bunting，2016）对此做了进一步阐释。他表示，正念能够使人"看到别人的价值"，培养自己的慈悲心——在职场中，可以把冲突看作自己成功的绊脚石，而非来自他人的威胁，并且能够认识到表现在外的问题行为的根源。

二者的共同理念是关注他人的价值，重视反思和修正，但不用担心受责或承担后果。

当然，并不是说领导者不必对个人或团队的持续低效表现或阻碍工作进展的工具等适时处理，而是通过总揽全局，他们能够快速发现问题所在，及时调查问题根源并做出处理，防止后患。

读者此时可能会注意到，我们还未介绍冥想方法，所介绍的都是帮助领导者感知当下，并采取合适的应对措施的实用方法。还有更好的开启正念的方法吗？

有一种基于对阵争球和看板管理设计的练习，能够更快地将练习者引入对当下的认知，这个练习叫作"协作周期"［戈登（Gordon）等，2018］。

试试下面的练习：

 练习4.1

> 在一项合作项目开始时，将预期合作成果展示给不同团队，并要求他们各自解释自己在项目中所承担的角色，例如：
> 在生产一支笔的过程中，可能有不同的团队负责生产笔帽、笔杆、墨水和包装盒，每一个部件都有不同的生产需求和期限。通过让每个团队解释自己的角色和阐述自己的需求，团队之间会互相理解和欣赏，遵守各自团队所负责的具体生产标准，对生产期限的重视也会增强。

对一个舞台表演团队来说，在演员开始练习各自的角色之前通常要开展"生产"会议，讨论各项时限和需求。有时，演员与舞台管理和技术人员面谈，以便双方能够就其需求达成一致的理解（演员们有时会觉得表演项目是围绕着自己运作的，但他们必须要知道如果没有灯光、舞台、音响和布景，自己的表演项目根本无从谈起）。

让参与合作项目的每一个人都了解其他人的贡献，能够大大增强对于他人需求的理解。

克服合作的障碍

1. 追求更大利好

如同因为害怕别人窃取所以拒绝分享自己的创意时一样，问一下自己：

你有大量的有关一个话题的数据，但是你不具备任何将数据转化为生产成果的途径。另一个团队掌握着生产途径，却缺少数据，如果你能够分享自己的成果，他们会从中受益。你会这样做吗？

这种情况在医药行业非常常见，但一种叫作"更大利好"的概念正在打破这种合作障碍。自2016年美国前副总统乔·拜登发表对美国临床肿瘤学会的讲话后，业界有越来越多（在保护患者的隐私的前提下）分享相关癌症数据的吁求，拜登副总统呼吁大家"开放数据、开放合作，最重要的是开放胸襟"［贝尔科罗特（Berkrot），2016］。

通过强调为了共同的"更大利好"和共同奋斗这一道义需求，个人可以将之前所担心的"损失自己的心血"视作对于高速共赢所做的贡献。企业领导者认识到这一点尤其重要——科学界和学术界会将自己的科研成果分享到学术期刊上，但企业界常常忘记对此表达谢意。

2. 建立蜂群式团队

有一种建立合作的方法是让团队采取一种类似蜂群的心态，其灵感取自大自然，要求每个团队成员都对自己所扮演的角色了如指掌，并且留心其他成员为整个集体目标所做的工作［帕内斯（Panes），2014］。这种方法的另外一个要求是以"学习"为导向。

例如，一个团队要引入一种新的电脑操作系统，尽管不是所有的团队成员都要使用这个系统，但大家都会暂时放下手头工作，学习使用它，尝试将其应用到工作中，发掘利用其使自己的工作更为灵活的可能性。类似地，如果企业引入了一种新的与客户互动的方式，所有的人员，包括那些不用每天都与客户打交道的人，都会来到公司的"现场"了解这种新方式。这使得大家能够了解并欣赏团队其他成员的工作，并且可以为此新的方式提供更多反馈及改进建议。

试试下面的练习：

 练习4.2

如果你仅是在很有限的层面上引入一种新的工作方案，让团队所有成员（而非日常工作中实际使用这一方案的人员）都尝试使用一下，并从他们那儿获取反馈。这样你便可以发现，那些棘手的问题可以及早被发现，团队成员对于其他人的贡献也更了然。

最后，就此过程的成效做出反思总结。

3. 团队内部结对工作

一些机构要求他们的员工结对工作，保证员工在任何时刻都保持合作状态。这个要求的一个成效是，办公室的工作气氛常常十分热闹。研究发现，这样的工作方式对机构会产生如下影响：

◆ 由于有两双眼睛同时盯着一项工作，问题会被及早发现。

◆ 员工们习惯于自己的工作得到检验，避免了"责备文化"的滋生。

◆ 当有新员工加入时，他们能迅速上手新工作——因为随时都有人为他们提供支持。

（蒂姆斯，2018）

试试下面的练习：

 练习4.3

下次在为团队指定项目时，让团队成员成对研讨和执行解决方案，并就本策略的成效进行反思总结。

无论是蜂群式还是结对式的工作方式，都可以消除团队成员进行合作的心理障碍，让他们能够把合作视为日常工作的一部分。

这些工作方式的额外优势是，能让各团队成员更好地互相了解和欣赏，能够为彼此的需求做出调整。这样便培养了各自的慈悲心，让大家在部门工作时都不会感到自己在孤军奋战。

这又是正念的成效。

4. 自我反思

试试下面的练习：

 练习4.4

> 假设你正在为一个新的部门合作方法写工作性质描述，但你对于蜂群式或结对式工作方式能否奏效并不十分确定，在此工作性质描述中，你要提到的一点是"所有的员工都结对合作"，另一点是"所有的员工都要学习新的工作方案"。
> 你会怎么描述这个工作？

通常，领导者在描述职位中"不那么吸引人"的方面时，会采用比较模糊的说法：比如"需要晚上和周末加班"会被说成"要求灵活安排时间"；再比如，如果一项工作"大多数时间需要独立工作"，在工作描述中就会变成"需要独立工作以及团队合作"。

实际上，如果在描述职位时能够一五一十地陈述该职位的方方面面，会收到更好的效果。比如，"6个月的工作时间会被派驻在迪拜"这个说法，比因为害怕错过好的应聘者便模糊处理更可取。因为如果应聘者发现事实与描述不完全相符，他们还是会辞掉工作，甚至有可能对你的企业产生不好的印象。

你自己心中所设想的困难，在别人眼里不一定是困难，如果你的组织有具体清晰的要求，就会吸引到愿意按照这些要求工作的应聘者。这当然要求你必须十分开明，并且足够勇敢，敢于"全面暴露"，但这样做所收到的效果是，你可以吸引到同样开明的人才，愿意在你所看重的理念下效力。同时，这些人很可能是非常有慈悲心，能够设身处地为他人着想的人。如果你在部门中培养这种理念，你所引入的认同你的理念的人越多，大家就能越快地互相合作、取长补短，不认同你的理念的人则会自行离开。

正念人际关系

对于此前未体验过冥想练习的领导者，有证据显示，采用正念冥想练习能够起到让自己和团队安定心绪、改善关系的作用。深呼吸能够减缓压力反应，降低皮质醇的释放，进而降低"意气用事"的可能性，有利于防止让自己说一些不必要的伤害人际关系的话或做出类似的举动。

虽然有关通过正念冥想练习可以改善神经系统的生理状况的科学证据仍然有限，但已有研究表明，经常做冥想练习，可以：

◆ 增加杏仁体（大脑的"警报中心"）和前额叶皮层（"执行中心"）之间的连通性，有助于防止你陷入负面循环或"心急火燎"状态，并能够积极行动。

◆ 增强前扣带皮层（与自我感知和认知灵活性有关）的机能，有助于激励你做出改变，而非陷入缺乏安全感或对他人的信任感的恶性循环中。

◆ 改变大脑岛叶（与情绪感知和同理心相关），使你胸襟能够更开放，更能接受他人［格林伯格（Greenberg），2016］。

总　结

1. 提醒您的团队将"通过协作取得成绩"视为目标。简而言之，就是要一心一意地专注在集体目标上，撇开个人恩怨。

2. 使用看板管理或协作周期，确保团队所有成员都能够理解各自所承担的任务和所面对的压力。

3. 利用对阵争球、看板管理或目标主导的工作简报，让大家对合作中的问题有共同认知。

4. 鼓励团队在全部工作过程中都进行协作、反思，提供反馈并做出回应。采取蜂群式、小队式或结对式的合作方式，提升工作效能。

5. 意欲自行离开的潜在团队成员不应给你造成太多困扰，但要留心那些盲目地在所有事务上均表示赞同的人。

6. 鼓励并为有利于提升慈悲心的正念冥想练习提供机会，正念冥想可以让团队成员更为耐心，更能互相理解（网站有可以下载的冥想练习材料）。

7. 大声宣传你的部门的正念文化！如果想做提升慈悲心的冥想练习，请访问https://www.draudreyt.com/meditations（密码：leaderretreat）。

正念工具包

◆ 最高效的领导者能够利用集体智慧比各自为政时取得更多的成绩。

◆ 正念能够突出对共同目标的认知，并促进团队成员在合作时相互理解和有慈悲心。

> ### 要　点
>
> 1. 时时向团队成员强调对合作的需求，并找到有效的途径彰显每个成员的贡献。
>
> 2. 适时地找机会让团队成员沟通，哪怕只是一个汇报工作进展的电话会议。
>
> 3. 努力看到批评式的反馈或反思的建设性，并让团队成员也养成类似的习惯，要求每个人学习一项新的方案并提供反馈。

行动

1. 练习提供反馈和收集反馈（并传授给你的团队）

当提供反馈时：

◆ 首先了解反馈的标准。

◆ 反馈实实在在的内容并给出证据。比如，"我认为你做的效率不高"这样的反馈就不够具体，应该说明其原因或举例证明你的看法。

◆ 指出反馈对象做得好的（或出类拔萃的）方面，并且举出例证。

◆ 实事求是，提供反馈不是开玩笑、奉承别人或宣示自己的权威。

当收集反馈时：

◆ 用肢体语言表现自己的欢迎态度。

◆ 认可公正的批评，邀请反馈者提供解释或举例说明。例如："你说我的话听起来很唐突——是在整个对话中都很唐突吗？"

◆ 不要争辩——耐心地等反馈者发完言再做出回应。

◆ 如果反馈信息都是消极的，就主动问自己哪些地方做得比较好（有人会用沉默的形式表示认可）。

◆ 回顾反馈信息，确保自己理解透彻。

◆ 感谢反馈者，但也可以说明自己不会接受哪些批评并做出解释

（这样可能会促成一个新的建设性的对话）。

◆ 如果反馈者没有给出有关如何提升的建议的话，就主动询问。

我所尝试的活动

日期	活动名称

有效果的活动

日期	活动名称

若有必要，可单独使用一张纸。

冥想方法

慈悲心冥想

接下来做一个简短的慈悲心冥想练习。

练习开始之前,首先做几个有助于集中注意力的深呼吸,通过鼻孔吸气,再通过嘴巴呼出,做到每一次呼吸后都感觉更加平静、放松。

通过鼻孔吸气,嘴巴呼出。

如果头脑中闪现出任何想法,留意一下然后就不再管它。

如果有任何声响发生,简单留意一下就把它忘掉。

通过鼻孔吸气,嘴巴呼出。

想象一下自己喜欢的人,可以是任何人。

让此人的轮廓清晰地浮现在头脑中,明亮动人。

继续深沉而平稳地呼吸。

在你想象自己喜欢的人时,心里默念(或大声说)下面这些句子:

愿你幸福,

愿你坚强,

愿你免受痛苦,

愿你幸福,

愿你坚强,

愿你称心如意。

再念一遍：

愿你幸福，
愿你坚强，
愿你称心如意。

现在，想象一下一位自己想要原谅的人。

即便你现在还无法完全原谅此人，为其祝福也能够让他（她）不再令你烦扰。

继续想象此人，然后重复：

愿你幸福，
愿你坚强，
愿你称心如意。

再念一遍：

愿你幸福，
愿你坚强，
愿你称心如意。

最后就像照镜子一样在心里看着自己，然后继续念：

愿我幸福，
愿我坚强，
愿我称心如意。

再念一遍：

愿我幸福，
愿我坚强，
愿我称心如意。

继续深呼吸，等你准备就绪后，感知一下自己所处的房间，睁开双眼，继续一天的工作或生活。

第5节

情感机敏性

开放式问题

- ◆ 阅读或感知他人的情绪有多简单？
- ◆ 调整自己的情绪有多简单？
- ◆ 当你调整了自己的情绪之后，你还能处理自己之前的情感吗？

什么是情感机敏性？

你虽不必时刻改头换面，但灵活多变的公司肯定也是最享盛名的公司。

——Excellence Assured公司，2017

情感机敏性的意思是，为了有效地适应自身所处人际关系环境而对情绪做出调整或改变的能力。情感机敏性常常还指的是一个人通过如下反应来影响环境的能力：

◆ 恰当地理解所处的环境。
◆ 做出合理有效的反应。
◆ 利用自己的情绪带动与自己互动的人的情绪。

所谓情感机敏，并不是说要委屈自我。情感机敏作为领导力的一方面，并不是为了与人论输赢，而是要做好工作。

情感机敏性是所谓"情绪劳动"能力的一部分，"情绪劳动"这个词由美国社会学者阿莉·拉塞尔·霍克希尔德（Arlie Russell Hochschild）在1983年所提出，指的是为了应对工作的需求，调整或改变自己情绪的能力，比如一位感到受挫的老师还能和蔼而耐心地对待生气的孩子的能力，或是一位本来很害羞的法警为了完成工作而刚毅自信地掌控充满敌意的局面的能力。"情绪劳动"是劳动或工作本身的重要一部分，其重要性不亚于其他工作技能。

作为领导者，情感机敏性尤为重要。具有高度的情感机敏性，不仅能够遵照正确的程序做好分内之事，还能在谈判、激励和培训员工或是其他互动性的工作任务中助你一臂之力。

情感机敏性的最基本因素就是解读他人情绪的能力。

试试下面的练习：

🎯 **练习5.1**

用尽可能多的词语描述以下每个面部表情：

掌握足够大的"情绪词汇量"，有利于提升自己的情感机敏性，原因是了解情感的微妙差异能使我们在回应他人时拥有更多的选项。如果你能够看出一个人"充满期待"或"自豪"，就会比仅仅看出一个人"高兴"时所做出的反应更为有效。

我们所能感知到的人的情绪越是丰富，就越能相应地给予他人恰当有效的情感回应。

如何能最好地表现情感机敏性

作家苏珊·戴维（Susan David，2016）认为，情感机敏性主要包括四大方面：

1. 勇敢面对——勇于面对并完全接受自己的想法和感觉。

2. 跳出迷局——能够置身于思想和感觉之外，客观地看待并掌控自己的情绪。

3. 践行原则——认识到自己所信奉的价值观并付诸实践。

4. 灵活变通——能够适当调整自己的心态和习惯，使之与自己的核心价值相一致。你可能对于自己的价值观熟稔于心，并且了解自身所信奉的价值观对于自己所取得的成功的重要性，但切不可自满，要时刻寻求改变，拓展自我，让自己更为优秀。

正念练习能够在以下方面对你有所帮助：

◆ 面对自己的想法和感觉。

◆ 认识到自己无意识中的驱动力。

◆ 了解并省思自己的价值观。

◆ 保持学习，持续挑战自我，不断成长。

面对自己的想法和感觉

身处领导者的位置上，人们常常会为了顾全大局而压抑自己的负面情绪。压抑自己的负面情绪，实际上也是情感机敏性和情绪劳动的一部分。虽然你会愤怒或烦恼，若能够控制住负面情绪，便可以镇定自若地继续开会或提出并与同事商讨议题，避免大发雷霆。

然而，当需要情感机敏性的场合结束之后，你对自己情绪的处理方式，则会影响到你此后是否还能继续保持情感机敏。

心理动力学认为，由于负面情绪令人不愉快，所以自我会很容易采用"防卫机制"，即类似于"负面情绪从未影响到我"（弗洛伊德，1937）这种说法，但是，如果一个人不能在改变场合后恰当地处理负面的情绪，这些情绪就可能继续干扰此人，使之莫名其妙地举止异常。

 例如

> 黛安娜常常被一个上级主管贬低，对此她感到非常沮丧和懊恼，她觉得这位主管心里总是很愤怒（并不是因为她而愤怒，他只是向她发泄了而已），她于是便没有直接与此主管冲突，而是选择跑步或去健身房健身，直到心里感觉舒服为止。第二天，她的心态变好了，也更能够勇敢地表达自己了，还能和那位主管轻松地交流，但她却选择忘记后者前一天的行为，结果导致主管的此类行为一次又一次地发生，但黛安娜还是一次次地通过运动来调整，而非借机在主管面前提及此事。
> 黛安娜后来找到了另一份工作。她在新工作中的一位上级有一次说话不中听，让她想起了前一份工作中的主管，她便立即充满攻击性地回了一句，导致自己因此受到了警告。

弗洛伊德会认为，黛安娜起初使用了"合理化"（"他很愤怒，只是恰巧发泄在我身上，我不会计较"）和"升华"（用运动来消解情绪，进而以积极的方式释放能量）两种防卫机制。然而，由于自己在有机会时却选择略过问题——可能是因为"得过且过"，"我能消化这些情绪，而我的主管却需要帮助"，甚至是"或许我误会了"，她还压抑了最初的懊恼和沮丧。问题在于，当这些情绪得不到适当排解，就会在另外的场合中无预兆地爆发，产生一个过度强烈的反应，黛安娜对自己的反应措手不及，因为频繁地压抑并不会使情绪排解出来，反而将它们累积起来了，像一口压力锅一样，如果缓慢释放的机会被错过，那么爆炸就会成为唯一的后果。

接受自己的所有情绪，包括消极的情绪，并且做出认真处理也是情感机敏性的一部分。

试试下面的练习：

练习5.2

请打开此链接：https：//www.draudreyt.com/meditations （密码：leaderretreat）。

这是一个冥想练习，会指引你体会一系列情绪，让你思考自己分别在哪儿体会到这些情绪的，并且会教导你接受情绪作为构成自我的一部分。

这个冥想练习会让你认识到，消极的情绪也是正常的，因而你有权将其处理掉；该练习通过让你认识到情绪的源头，可以让你对情绪的激发有所防备，避免大发雷霆——此时的你，对于身体的感觉有了更敏锐的感知力。在你处理消极情绪的源头时，冥想可以让你冷静地解决问题而非对人施以惩罚。

本章最后的附表中详列了其他心理防卫机制。

意识到自己的心理驱动力

试试下面的练习：

练习5.3

你身处一艘正在沉没的船上，负责分发救生艇。请按照你想要拯救的顺序为下表中的人编号[1]。

1　本练习改编自用以测试人的偏见的练习——最初来源未知。

男人	
女人	
水手	
医生	
少年 ·	
婴儿	
商人	

你随后了解到这些人的具体信息，如果你愿意，就请重新为他们按顺序编号。

男人：身体残疾	
女人：有精神问题	
水手：年事已高	
医生：同性恋者	
少年：难民	
婴儿：艾滋病病毒呈阳性	
商人：很富有	

可以通过增加更多有可能引起有意或无意的偏见的情况，对本思维实验进行扩展，例如，增加"亚洲人""已离婚""单身父母""贫困""毒贩子"或"基督徒"。每次扩展后都请参与者重新排列顺序，并反思自己为什么最初青睐于某个人，而为什么了解到此人的其他情况后可能又改变了主意。

通过意识到自己无意识中的偏见（包括积极的偏见，比如"我一直会首先让婴儿坐上救生艇，无论这个婴儿是什么状况"），能够让自己脱离思维惯性，主动地了解到驱动自己的行为的观念。

正念冥想对此也有所帮助，如果你想做致力于脱离自我、看清事实的冥想练习，就请进入冥想状态来解决问题。

了解并省思自己的价值观

了解驱动自身行为的价值观并避免受价值观驱动而误入歧途，可以让人保持真我。雅各比（Yacobi，2012）在其文中探讨了诸多哲学家对于真我的看法，他将真我（authenticity）定义为一个人真实而自然的自我本质，并列举了现代世界中局限真我的诸多因素，尤其是那些"由个人在社会中所承担角色而决定的私人、职业、文化、民族、国家、政治和宗教身份"。万事习惯成自然，你越多地扮演这些角色，就会表现得越自然，越有可能失去"曾经的自己"，这样虽然使得自己情感表现得很机敏，但同时会受困于一种难以摆脱的忧伤或是"莫名的不对劲"的感觉。雅各比虽然相信人会随着时间改变，但认为其本性不会被磨灭。如果一个人失去了自己的本性——通常是通过长久扮演其他社会角色，就有可能患上抑郁，或至少苦恼于生活缺少满足感。

社交媒体常被视为自我"品牌"的重要部分，而社交媒体的使用更是加剧了扮演多重身份时的混乱。人在其上发表符合工作要求的内容时，就更会失去真实的自我，在被通过自己的面具人格所吸引到的"赞"所诱惑时尤为如此（格林，2013）。

本章有关接受自己的情绪的冥想，或是本书中任何放松冥想练习，都能够帮你重新认识并接受真实的自我。

试试下面的练习：

练习5.4

> 以时间轴的形式回顾自己的人生经历，重点列出那些塑造了现在的你的重要时刻。利用片刻回顾一下这些时刻之前和之后自己的样子，你可能会明白什么时候自己走上了不同的人生方向，或者什么时候自己原本的身份发生了改变或得到成长。了解自己的改变，能够让你重拾自己所遗失的真实自我的构成成分。

也试试下面的练习：

练习5.5

> 联系一位年长的家人或老朋友（社交媒体是恢复联系的极佳平台），问他们以下问题：
> 根据你对曾经的我的记忆，请说出：
>
> ◆ 我擅长什么？
> ◆ 哪个词能最恰当地形容我？
> ◆ 当你想到我时，还有什么人能浮现在你的脑海中？
>
> 这个联系能够让你以一种既客观又被接纳的方式了解到曾经的自己。

保持学习，持续挑战自我，不断成长

　　人有时要去发现阻碍自己进步的因素，最后一章有关自我保护的"思维分析"练习能够有所帮助，但现在给大家揭示一些会抑制行动力的"无益想法"：

🎯 练习5.6

在以下条目中找到常常出现在自己身上的扭曲思维：

1. 读心术：认为自己能读懂别人的内心，比如"她就是不喜欢我"。

2. 价值判断：规避评判人的责任判断，比如"这不好，大家都这样觉得"。

3. 因果错乱：将原因归咎于他人，比如"是她让我如此难过的"。

4. 错画等号：将两种不同经验等同起来，比如"他朝我大吼了，所以我知道他不喜欢我"。

（NLP world网站，2018）

如果你发现自己会有这样的扭曲，问一下自己：

◆ 是谁说的？指责他人时要具体。

◆ 谁是不公正的？怎么不公正了？

◆ 还有什么与此无关的事能让我伤心？

◆ 为什么我对自己的解读如此确信？

这些对自己轻微的质疑能够打破自己的习惯思维，让自己实事求是地审视自己的境遇。

接受自己的情绪的建议

通过正念练习，可以在做此前做过的事时，让自己摆脱常常陷入的"梦游般的做事习惯"，也可以让自己摆脱习惯性的情绪反应：

◆ 在寻求外部验证[1]之前，思考一下自己需要/期待别人说什么，

1　外部验证（external validation），指的是通过他人来寻求自我价值判断的心理。——译者注

然后首先给自己说这些话。

◆ 在为自己的感受寻找理由之前，首先告诉自己，不管怎样，你都有权感受自己的感受。一旦你接受了自己的感觉，寻求帮助来解决问题（找你认为可以真正就此问题提供帮助的人）。

◆ 认识到其他人也有权有自己的感受——尽管这些感受有可能与自己的相冲突。努力接受这些感受，寻找合作的突破口，不要期待别人一定同意自己（最多只是口头上同意而已）。

总　结

1. 情感机敏性是指通过管理自己的情绪，来提升自己的社交表现。

2. 高度的情感机敏性，是具有领导力的体现。

3. 情感机敏性包括能够阅读他人情绪的能力，认识并接受自己情绪的能力，对于自我心理驱动力（包括歧视与偏见）的感知，对自我价值观的认识以及对于成长和学习的必要性的认知。

4. 情感机敏的领导者需要注意，自己可能会因之失去真实的自我。

5. 缺少对自己真实感受的认可或使用防卫机制，都会导致不可预测的或不利的行为改变。

6. 正念练习能够让人认识到，自己的感受都无可厚非，别人亦是如此。

正念工具包

◆ 对任何领导角色来说，情感机敏性是不可或缺的能力。

◆ 为了能够充分利用团队的能力，要体会到团队成员的感受并有所回应，如果你有机敏的情绪，也会对自己的团队有所影响。

要　点

1. 要不断地提升自己的情感机敏性，虽然你不一定将自己所学的内容都派上用场，但拥有更多的选项会提升自己的表现。你所理解的人越多，你的领导工作就越得心应手。

2. 当你按照自己观察到的别人想要的方式来对待他们时，观察一下他们的反应（哪怕自己习惯的方式可能"更好"或"更友善"）。

3. 努力认识并接受自己的情绪。

行动

1. 挑战自己

第一项挑战：征求360°的反馈

◆ 选择三个人，可以是你最要好的朋友、同事、同辈、团队成员、配偶、家人等，最好他们都很了解你。

问一下他们：

◆ 你会如何来描述心目中的我？

◆ 如何用一个词来描述别人对自己的印象。

第二项挑战：联系改变了你生命轨迹的人

◆ 有没有你虽很久未见却曾在你生命中扮演很重要角色的人，或是你曾经很仰慕的人，或是通过其工作成果以某种方式改变了你的一生的人？这些人可以是演员、作家、博客作者、当红名人、演说家或是企业家。

◆ 致电联系：如果你和他们有私交，就拿起电话联系他们，或是见面边喝咖啡边叙旧。当你们相聚时，当面向其表达他们在你生命中的意义。如果没有私交，就通过社交媒体联系，告诉他们他们的作品是如何改变了你的生命的。

第三项挑战：随机做一项善举（不期待任何回报），思考这样做给自己所带来的感受。

我所尝试的活动

日期	活动名称

有效果的活动

日期	活动名称

若有必要，可单独使用一张纸。

冥想练习

认识自己的情绪来源的冥想练习

这次的冥想是为了让你认识并接受自己的感受。先走到一处没有外在干扰的空间，关掉手机和电脑，以舒适的姿势躺下或坐好，准备开始。

首先专注于呼吸，通过深呼吸来清理放空大脑，通过鼻孔吸气，嘴巴呼出。经过每次呼气后，体会逐渐放松的感觉。

专注于自己的呼吸，此时如果有一个想法或声音打扰到你，告诉自己"继续呼吸放松"，然后将注意力再集中到呼吸上来。

回忆一下自己非常快乐的时刻，想象下那个画面，让画面清晰明亮，同时呼吸并放松。在你想象这个画面时，观察一下身体上实际体会这种快乐感觉的部位：这种感觉是从哪儿产生的，你能够找到吗？继续呼吸放松，享受快乐感觉并找到身体上对此感觉体会最强烈的部位。

呼吸，放松，让这个画面渐渐退去。

再次专注于呼吸，通过鼻孔吸气，嘴巴呼出。

回忆一下自己非常愤怒的时刻，可能是对某个人生气，也可能是对某件事感到愤怒。无须将画面在脑海中呈现得特别清晰，只要有个画面就好。继续呼吸放松，同时体会一下这种愤怒感从身体的什么部位产生。这种感觉有源头吗？找到这个部位，继续呼吸放松，然后让这个时刻的画面退去。

继续呼吸放松，继续让画面退去。

再次集中精力呼吸，通过鼻孔吸气，嘴巴呼出。

现在，再回忆一下特别自信的时刻，可能是你意识到自己做出了正确决定的时刻，可能是你确信事情会如愿发展的时刻，也可能是认识到自己真正渴求的时刻，再次回顾一下其结果，体会一下自豪、成功和自信的感觉，享受其中，继续呼吸放松，然后体会一下这种感觉产生的部位，找到这个部位，继续呼吸放松，继续享受那种感觉并留意对此感觉最强烈的身体部位。

呼吸放松，慢慢让画面退去。

再次集中精力呼吸，通过鼻孔吸气，嘴巴呼出。

现在，回忆一下令你感觉悲伤的时刻，让这个画面浮现在脑海中。在你呼吸放松时，留意身体对这个悲伤的感觉体会最强烈的部位。这种伤感是在身体的哪一部位产生的？留意此部位，然后让画面退去。

继续呼吸，放松。

再次集中精力呼吸，通过鼻孔吸气，嘴巴呼出。

现在，回忆一下自己身怀同情的时刻，可能是对一只动物，也可能是对一个孩子。回顾一下你所同情的人、动物，或激发你同情心的情境。继续呼吸放松，然后体会一下那种温暖的感觉是从身体哪一部位产生的，这种感觉驱动你对他人施以援手。留意一下这种感觉产生的部位，然后让画面退去。

继续呼吸放松。

再次集中精力呼吸，通过鼻孔吸气，嘴巴呼出。

我现在会引导你回味上面所体会的感觉并体会产生这些感觉的部位。通过体会到这些部位，你便会将其视作自己的一部分，并利用其来引导自己。同情的感觉可能会驱使你做出某个决定，但通常是自信的感觉才让你对一个决定感到放心。辨别不同的感觉能够让人明白地了解自己的感受，进而能做出更明智的决定。

继续呼吸放松。

再次回顾让你感觉快乐的时刻，体会这种感觉在身体上的发端之处，留意下这个部位，然后呼吸放松。

继续呼吸放松。

再次回顾让你感觉愤怒的时刻，体会这种感觉在身体上的发端之处，留意下这个部位，然后呼吸放松。

继续呼吸放松。

再次回顾让你感受到信心和成功的时刻，体会这种感觉在身体上的发端之处，留意下这个部位，认识到它是身体的一部分，然后呼吸放松。

继续呼吸并放松。

再次回顾让你感觉悲伤的时刻，体会这种感觉在身体上的发端之处，留意下这个部位，认识到它是身体的一部分，然后呼吸放松。

继续呼吸放松。

再次回顾激起你的同情心和善心的时刻，体会这种感觉在身体上的发端之处，留意下这个部位，认识到它是身体的一部分，然后呼吸放松。

继续呼吸放松。

继续呼吸放松。

我现在倒数5个数，与此同时，你的意识会渐渐地回到所处的房间中来。现在的你，对自己的感受有了更清晰的认识。你可以记住这些感受在身体上的发端之处，如果愿意的话，今后可以利用这个觉悟来引导自己。

五，摇动一下手指和脚趾，四，动一下四肢，三，转动一下自己的颈部和头部，二，充满力道地伸展全身，一，准备就绪后，便可以睁开双眼了。

"置身事外"的冥想练习

本次冥想练习可以助你从旁观者的角度看待问题和挑战。走到一处没有外在干扰的空间，关掉手机和电脑。首先深呼吸——通过鼻孔吸气，屏息片刻，再用嘴巴呼出。在你自然地深呼吸的同时，让自己逐渐放松下来。

吸气，屏住片刻，呼气。

吸气，屏住片刻，呼气。

想象一个巨大的飞行器，可能是一架飞机或一个齐柏林飞艇，也可能是一只热气球或一只鸟，甚至一条龙。不管是什么，让它的画面清晰地呈现在脑海中，为其填充颜色，使之具有你的风格。这些颜色都是个性化的颜色，这架飞行器完全属于你。

当飞行器有了鲜艳明亮的颜色之后，爬进去（或"登上去"），便可以开始升空了。

吸气，屏住片刻，呼气。

当你上升时，想一下令自己烦恼的一件事，设想从飞行器上俯看这件事，你可以随心所欲地驾驶着飞行器在空中盘旋，看一下自己能不能从不同的视角、不同出发点来观察那件麻烦事。想一下一只鸟会如何看待这件事？一个置身其外的人会如何看？你自己如何能以不同方式看待这件事？

让自己作为一个旁观者来观察一会儿这个问题或挑战。

想象一下如何能获得问题解决之道：一只鸟会怎么解决这个问题？一位旁观者会提出什么样的解决方案？在你畅游到各个可能产生解决方案的地方时，环顾四周，全世界现在都在你的掌控之中，你拥有诸多行动方案，让自己心悦诚服地接受这些方案。

利用这段时间，从一个全新的角度来看待挑战，观察一个解决方案能不能就此诞生。

记住，任何时候你都可以使用这个冥想方法，让自己作为一个观察者置身其外来看待问题。这个方法赋予你看待问题的全新出发点和视角，帮助你找到不同的解决方案。

当你准备就绪后，开始从自己的空中之旅中降落，感知一下身下的地面——坚固而踏实的大地。再想象一下如果自己在其上坐着或躺着的感觉。你安全着陆了，大地托着你的身体。

记住，如果你想获得一个全新视角的话，随时都可以再次进行空中之旅。

准备就绪后，可以睁开双眼了，回到一天的工作和生活中来。

附表

常见的心理防卫机制	
否 认	拒绝接受一种情况或现实
转 移	你可能会因为一个伙伴而愤怒，却选择将自己的怒气发泄到其他对象上——比如一把打不开的雨伞或者回家很晚的孩子。这样便有理由无须面对真正引起你愤怒的人或事了，并且你认为确实是被自己的发泄对象惹怒了（另外一种常见的例子是，援引某个广泛接受的原因作为借口，却拒绝承认真正的原因或对其绝口不提）
投 射	拒绝面对自己的负面情绪，而是以"他们使我这样做的"或"我不喜欢他是因为他不喜欢我"这样的借口搪塞，将自己的感觉投射在他人身上，把自己的行为视作对他人的反应
合理化	在头脑中为自己的行为辩护，比如，考试作弊之后以"每个人都作弊了"和"考试本就不合理，所以每个人才作弊"这样的说法来欺骗自己让自己信服（注意"每个人"这个词的使用是一种广泛化的思维扭曲）
反作用形成	通过改变自己的行动来掩饰自己认为不被接受的行为。例如对电视上出轨的人反应特别强烈，是因为自己正在出轨
压 抑	压抑令自己痛苦的回忆，导致最终自己无须在意识层面想到这些回忆
升 华	将自己的负能量通过其他途径发泄，比如通过体育运动（由于这种发泄方式能够疏导能量，并且自己会在头脑冷静时解决问题，所以具有短期效用）

第6节

自信与自尊

开放式问题

◆ 请在以下方面为自己打分：

自信心（对于自己的成功的信念）

0 ————————————————————— 10

自尊心（无论成功与否都悦纳自己的能力）

0 ————————————————————— 10

◆ 你认为自己的自尊心和成功有多大的关联?

自信心的重要性

疑虑是我们的叛徒，它让我们害怕尝试，从而失去本能取得的成功。

——威廉·莎士比亚，《一报还一报》（*Measure for Measure*，1603）

现代社会使我们极为不幸地时不时要和社交媒体上的信息相比较。随着照片滤镜等应用的普及，社会影响力不再是知名人士的专属了，你的隔壁邻居可能也在推广自己。各行各业的领导者也被鼓动加入社交媒体［多蒂（Dottie），2017］，要对社交媒体这个常和越来越普遍的抑郁和焦虑联系起来的"工具"敬而远之［贝克尔（Becker）等，2012］，也越来越不可能了。社交媒体当然不是造成领导者缺乏或丧失信心的唯一罪魁祸首，但其与以下因素对于自信心的影响都不可小觑：

◆ 私人生活问题。
◆ 缺少支持。
◆ 连续失败。

［坎特（Kanter），2005］

不屈不挠的意志、批判性思考和做出理性判断的能力都不可或缺，但每当需要在无从参考的情况下迅速做出决策时，自我怀疑常常就会作祟，妨碍自己的表现。所以，对于成功能够秉持信心，是一笔财富。

我们可以将自信心定义为对于自己能力的信任，自信心也是"连接期待成果和实际表现的桥梁，（自信心）不仅能够吸引金钱上的投资，还能够赢得时间和精力上的忠实承诺"（坎特，2005）。

通过亲身经历和正念练习，领导者能够发现自己有信心的领域，也能找到自己信心不足的方面。准确的自信心判断，能够让自己既避免鲁莽行事，又有当仁不让的勇气。然而，如果一位领导者缺乏信心，做事时就会过分小心，过度依赖与他人的合作，进而对自己的工作成效和公信力产生负面影响（这点在第二节"解决问题与做出决策"中也有所讨论）。

问一下自己：

你有没有检验自己的工作质量的指标？如果有的话，是什么指标？

由于自信心和成功关系密切，所以对于自己成功与否应该有多样的评价指标，以保持对于自身能力的积极看法。然而，当走出学校之后，尤其是不在自己的团队之中时，没有人一定会对你的表现称赞，或是像你的员工一样支持自己。所以，没有对我们的成功的外在嘉许时，我们也要学习认可自己的成功。

试试下面的练习：

 练习6.1

◆ 思考一下如何鉴定自己所在的领域的成功，比如：
　◆ 有回头客，受到推荐或得到积极反响。
　◆ 得到分红或其他利益。
　◆ 企业扩张。
　◆ 赢得奖项或资格证书。
◆ 用以上这些标准来衡量下自己的成功。
◆ 找到自己满意的方面和需要提升的方面。
◆ 寻找取得提升的行动方案。

对领导者来说，自信心不仅在工作表现上不可或缺，而且对自己的幸福感也是至关重要的。本书在第8节中会从作为领导者的韧性和职业寿命的角度来讨论"幸福感"，你的自信心也会影响到自尊心，进而影响你眼中的职业寿命。

在梅山克（Meshanko，2013）的定义中，自尊心包括：

◆ 良好的自我感觉。

◆ 对自己的信任。

◆ 对自我价值的认知和掌握。

领导者需要得到尊重才能领导不同世代和民族背景的成员组成的团队，而赢得这种尊重的关键是要有自尊心。如果得不到尊重，领导者就不能获得信任；没有信任，就没有忠诚的追随者；没有追随者，领导力就无从谈起。梅山克（2013）研究发现，拥有健康合理且基于事实的自尊心，不仅能为领导者赢得尊重（这种尊重进而转化为出色的职场表现），还能使领导者对团队报以尊重，拥有这种尊重是工作团队能够表现优异的重要基础。

需强调一下：自尊心所衡量的是自我好感程度，而自信心则衡量的是自我成功与否。二者虽然有所不同，但也有着密切的关联。一个人越肯定自己的成就，自尊心就越强。至少可以说，无论一个人性格如何，提升自信的成就对于自尊心也大有裨益，而损害自信的表现对于自尊心也有着消极作用。

健康的自信心和自尊心对于领导者的工作表现至关重要，所以领导者要培养高度自信和自尊。

试试下面的练习：

练习6.2

回忆一个自己感觉自信、表现从容的场景。

当你回忆起这个场景时，身体上有何感觉？

你能体会到此时体内的现象和感觉吗？这些现象与感觉呈现在身体哪个部位？

用一句话总结这个场景或其结果，比如"我意识到我比自己此前想象的要强大"，"我必须孤军奋战，但我做到了"，或者是"我知道自己有理有据，便据理力争了"。

下次若是感觉信心不足时，便让自己回忆起这个场景来。

读者也可以试试下面的练习：

 练习6.3

列举自己所取得的成功

0—12岁	青少年/20多岁时	近期	未来5年中的目标

通过本练习，你能够认识到自己曾经有所成功（甚至能够让自己记起过去曾掌握后来又忘掉的能力）[1]，并鼓励自己设想未来的成功。

史密斯（Smith，2014）回顾了关于正念和信心的研究，发现练习正念的人更能够辨明自我导致的失败和来自不可控的外界导致的失败。这个能力对于保持自尊心也有所帮助，还能改变人们评价自己或

---

[1] 一位来访者做此练习时，她想起自己8岁时就曾在学校的戏剧演出中就其中的一个主要角色与人"讨价还价"，她当时表现得很"厚颜莽撞"，导致老师不得不"叫家长"了——她后来忘记了自己曾经如此大胆了。

自我对话时所运用的语言。他还发现，通过正念练习，可以让"自我批评"变得更有建设性，让失败之后的反思更充满了慈悲。

自尊心的重要性

> 最为重要的是：要对自己忠实。
>
> ——威廉·莎士比亚，《哈姆雷特》（1601）

虽然提升自信心对于养成健康的自尊心也有所帮助，但对领导者，尤其是具有高度慈悲心的领导者（参阅有关"自我关照"一节）来说，能够维持独立于信心之外的自尊心也至关重要，如此可以避免对领导关系不利的"拯救者"心态。

"拯救者"这个词是卡尔普曼（Karpman）在1967年提出的，他在自己的研究中讨论了拯救者以及与之共同组成"卡尔普曼戏剧三角"的其他两类身份。三类身份代表着三种难以互相割裂的策略（或行为），人们会采用这些策略或做出这些行为来逃避真正困扰自己的问题。

◆ "受害者"充满无力感，命运受人支配。

◆ "迫害者"随时待命去施以指责和惩罚，表现得非常严苛、专横，甚至暴虐。

◆ 拯救者会寻找受害者，以便"路见不平，拔刀相助"，为此甚至会刻意创造，甚至伪造一个迫害者（可能是一个人，也可能是一个类似"体制"的实体）。

根据莱温（Levin，2016）的说法，领导者也不免落入这些角色，其中有慈悲心的领导者有很大可能扮演拯救者的角色。

心理动力学认为，拯救者是那些常常寻求"拨乱反正"体验的人，这种心态可能是由于在儿童时期缺少自己所渴望的关爱所导致的，所以他们会通过为他人奉献关怀来弥补自己的缺憾。这类人之所以会被奉献型的职业或角色所吸引，由此来为他人提供支持［赖利（Riley），2010］，是因为被需求感能够提升他们的自尊心。虽然并非每一位充满慈悲的领导者都在寻觅去"拯救"那些由于缺爱而低自尊的人的机会，但他们仍有可能将需求投射到他人身上，认为如果自己能够治愈他人，便可以治愈自己。

不幸的是，现实并非如此。让自己的团队过于依赖自己的领导者，会弱化团队成员的能力，从而给自己本就挑战重重的职位带来更多情绪压力。

试试下面的练习：

练习6.4

如果你发现自己禁不住对于某个人的境遇过于上心，首先问下自己：

◆ 这个人的什么品质或情况会如此让我上心？（通常，拯救者会认为自己所处的境遇和待拯救者的境遇相同。）
◆ 通过为他们解决问题，我是在让他们更强大吗？

然后练习问"教练式问题"，例如：

◆ 你需要我提供哪类支持？
◆ 你需要部门如何最好帮助到你？

（更多教练式问题请见本节末尾）

或是引导他们联系部门内外能提供所需帮助的团队成员：

电话号码：
部门内部的：
部门之外的：

为了增强自尊心，试试下面的练习：

◆ 接受他人褒扬，并赞赏他人。练习真心诚意地主动赞赏他人，并大方地接受别人的褒扬。

◆ 将批评视作学习进步的机会。每个人都以自己的独特视角看待世界，在一个人身上有用的方法，在另一人身上不一定起作用。批评只是一个人的观点，当受到批评时要据理回应，但无须袒护自己或让自尊心因批评而受到打击。

◆ 努力保持乐观，积极看待人生。在非必要的情况下避免抱怨或批评。若必须如此，采取建设性的方式。真心诚意地赞扬他人，祝贺他们的成功——每个人都有各自独特的人生轨迹！

◆ 为自己赢得最好的机会。让自己的工作带来成效，准备充分。如果有疑虑，就寻求帮助——一定要找合适的人，朋友不一定是最合适的。

总　结

1. 虽然自信心和自尊心不尽相同，但二者可以通过积极或消极的方式关联起来，领导者需要二者平衡兼具。

2. 准确地认识到自身所在领域的成功的各类标准，能够让领导者更好地看到自己的成功。当你感觉于某些方面气馁时或认为自己业绩连续下滑时，这点尤为重要。正念练习能够帮助自己区分由自身因素所造成的和由不可控因素造成的失败。

3. 拥有自信和自尊能为领导者赢得尊敬，进而积极影响到工作绩效。

4. 如果人对关照性职业或支持性岗位有浓厚兴趣，可能是因为认识到自身的某种缺乏（通常是关爱），为了寻求"纠正体验"，他们便陷入了"拯救者式"的行为，导致自己的团队成员的表现不但没有提升，反而受到抑制。

5. 习惯性地问"教练式问题"，指引员工寻找合适的求助途径以及专注于提升自己的自尊心，都能够提升团队成员的能力。

正念工具包

◆ 领导者对于当今职场上的情绪要求需做出积极应对。

◆ 当今世界领导者和团队成员的联系更为密切。工作成效常常取决于自己和他人所结成的长期或短期的合作关系。

◆ 在充满挑战又不断变化的工作环境中，保持自信心、自尊心至关重要。

要 点

1. 对他人始终保持健康的态度——尊重他们，尊重你们之间的不同。

2. 时常回顾自己近期所取得的成功，常想想令自己欣赏的自我价值观。

3. 即使在感觉情绪低落时，也要坚持做到第2点。

行动

1. 铭记自己的核心价值

◆ 当实践自己的价值观时，认可并褒扬自己。

2. 汇编一个包含自己获得帮助或指引他人寻求帮助的电话和网站清单，清单中可以包括以下内容

◆ Acas网站，www.acas.org.uk［点击"contact us"（联系我们）］。

◆ 公民建议署，www.citizensadvice.org.uk，电话：0344 488 9629。

◆ Mind（头脑网），www.mind.org.uk［访问"nformation & support"（信息与支持）页面］。

◆ 其他的相关热线。

3. 练习教练式问题

这些问题包括：

◆ 当前情况中的问题是什么（具体化）？

◆ 有什么你曾尝试并且有效的方法？

◆ 另外一个人（具体的人）会如何看待当前的情况？

◆ 谁可能为你提供帮助？

◆ 你所期待的结果是什么？

◆ 想出三种可能的解决方案，哪一种可能是最有效的？

◆ 你自己在考虑什么解决方案?

我所尝试的活动

日期	活动名称

有效果的活动

日期	活动名称

若有必要，可单独使用一张纸。

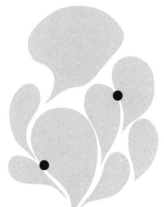

第二章
Chapter Two
正念的自身应用

第7节

自我关照

开放式问题

◆ 你相信自我关照的作用吗？

◆ 你愿意把节奏慢下来吗？

◆ 当需要慢下来时，你能够认识到这个需求吗？

为什么自我关照对于成功的领导者是不可或缺的？

> "拔掉电源"几分钟后，一切都会重新运作起来，包括你自己。
>
> ——安妮·拉莫特（Anne Lamott），TED演讲人，2018

在本书的第一章，我们探讨了如何运用正念提升外在的领导能力和团队表现，现在我们要花一小段时间将视线转移到自身上来。你

（尤其是通过上一章对自信心和自尊心的讨论）可能已经认识到，领导者的职业寿命不仅依赖于你的工作成果，还依赖于你作为领导者的自身优势。

如果一位领导者不花时间进行自我关照的话，他的工作成效便会受到影响。

繁忙的人经常要同时处理多项任务，领导者更是如此。但如此"粗心大意"地工作并不是最好的或最健康的工作方式，因为他们可能会因此注意不到细节，错过机会，甚至在生活和工作中都身心俱疲。

然而，如果你周围的世界不会慢下来，你自己就要寻求一种处理方式。因此，提高对过劳的警惕性至关重要。

如果你已经是一位情感机敏的领导者，这种警惕更为重要。正念练习可以给擅长情绪劳动（调整自己的外在表现来带动他人，比如一位领导者为了不让自己的团队惊慌失措，在面对危机时仍会保持冷静）的领导者提供多种情绪疗愈方法。

然而，有关正念的书籍常常忽略一个事实，即情感机敏性本身便是正念练习的一大利好。因此，本书接下来的三节将讨论情感机敏的领导者如何利用正念练习帮助自己在团队中担负起关照者和"操心人"的角色。这部分之所以非常重要，是因为关照者常常忽略关照自己，因此也会拒绝让他人来关照他/她［李桑斯基·贝克（Lisansky Beck），2016］。长久这样下去，自然是不行的。

正念能够帮你意识到自己目前的习惯，因此想一想自己有没有专门花时间关照自己。

以下练习相当于一个自我关照审核清单［改编自马科维（Markway），Psychology Today网站，2015］，请做一下：

练习7.1

总体自我关照

◆ 你知道自我关照和自我放纵的区别吗？
◆ 你认为自我关照会暴露自己的软弱吗？

很多对正念和正念练习持批评态度的人会将自我关照视作"自我放纵"或是"自我陶醉"，而非工作的一部分，这些人同时也会批评正念因为专注内在感受，会鼓动此类行为［鲁德高（Rudgard），2017，引用自英国皇家精神医学院信仰学系主任安妮·格雷（Anne Grey）医师］。然而，格雷医师明确强调，这样说仅仅是提醒大家，要在有外部支持并且对正念有所理解的前提下做正念练习。高度的自我感知可能会带来令人恐惧的体验，因为你会看到自己曾经压抑或隐匿起来的负面的行为冲动和情绪。不过，在具有外部支持并且具备自我指导的技能进行正念练习的话，便能够让自己的工作和生活毫不受此影响。

练习7.2

通过人际关系进行自我关照

◆ 你有没有自己可以寻求支持的小圈子？
◆ 你会主动经营与欣赏或关爱你的人的关系吗？
◆ 你能够在人际关系中树立明确的界限吗？

如果你对以上问题的答案都是肯定的，那么你就有面对压力或情

绪紧张的情况下寻求支持的重要基础
了。人际关系网不管是能为你提供实实
在在的帮助，还是能帮你暂时忘记压
力，或哪怕是仅仅听你诉说，外部支持
都是缓解压力的重要因素。

由于领导者总是站在队伍的最前面，要面对更多孤独感，因此尤其需要情感支持。你可能无法在这点上依赖自己的团队成员，但仍要记得自己遇到麻烦时可以倾诉的对象（比如同事、教练或其他专业人士），否则就很难让自己持续地正常运作下去。

简单提醒自己一下正念的重要性——如果你一直像一块海绵一样吸收着其他人的焦虑，那么除非你花时间把水挤出去（进行自我关照），否则你将饱和。为了能让自己作为领导者长久地工作下去，你需要进行自我关照。

 练习7.3

关照自己的身体

◆ 你一周锻炼身体几次？

◆ 你通常会吃对身体有益的食物吗？

◆ 你的身体感觉舒适吗？

◆ 当你疲惫时，会睡一会儿吗？

◆ 你会先让自己放松下来再去睡觉吗？

◆ 你每天都出门放松吗？

如果你不花时间照顾自己的身体的话，身体便会通过各类症状来强迫你挤出时间。领导者虽然都想让自己钢筋铁骨，但他们毕竟也是普通人，这就意味着他们的身体不仅会受压力影响，并且可能会出现

各类紊乱——若不多加关照更是如此。

一位繁忙的执行官，总要设宴饮招待客户，自己却为了工作顾不上吃饭，并且得为了和全球各地的人联系业务，或是加班完成当天的工作而很晚才入睡，导致自己精疲力竭。如果你确信自己是做目前工作的最佳人选的话，那么照顾好自己的身体才是长远之策。

接下来分享有助于保持健康的3条妙计：

1. 出门散心

呼吸新鲜空气对人体有各种利好，如果你没有每天早上跑步的习惯的话，至少可以考虑午休时间出去散步，也可以在晚上或是周末与朋友和家人一起散心。

2. 为自己的电脑设置阳光屏保

拥有美丽风光的地方或者充满阳光的天气的屏保，给我们提供了进入幸福的时光和美好的回忆的迷你快照。即使此时外面狂风怒号，也能让温暖和放松的感觉从心里油然而生。穆尔（Moore，2015，由唐在2018年引用）表示，人类作为视觉动物，会迅速地被图像打动，回顾自己在喜欢的地方拍的照片（并回忆起我们在这个地方所爱的人）能够加深我们和这些地方的感情。

3. 养常绿植物

松树不仅有可人的香气，日本京都大学的一项研究发现，每天花15分钟在松树林中散步的志愿者，其所报告的心情指标要比不散步的人更为积极。另外，碧萝芷（Pycnogenol）萃取自松树，有助于调整时差和缓解"……血液循环问题、膝盖疼痛和痛经，还能提高老人的记忆力"［阿尔特舒尔（Altshul），2012］。

练习7.4

智力关照

◆ 你会定期通过学习新东西来激励自己的大脑吗？
◆ 你有施展自己的创造力的途径吗？

领导者要率领自己的团队前进、成长、发展，但如果自身停止前进、成长、发展的话，就会渐渐落后。

练习7.5

财务关照

◆ 你对自己的日常开销有所了解吗？
◆ 你会大手大脚地挥霍，然后感到内疚吗？

理财是人们在自我关照中常常忽略的一方面。领导者常常要管理部门财务，对于自己私人的花销习惯要多加注意，防止个人的不良花销习惯蔓延到工作上来。

练习中的问题都会促使读者反思自己的个人习惯。一旦你对自己的习惯有所意识，便可以选择做出改变。必须要注意到，人际关系、身体状况以及财务状况都会影响到一个人的整体幸福感，进而影响工作表现。

此前我们提到，一些领导者对自我关照持怀疑态度，认为没有必要，甚至认为练习正念是自私的表现。他们更专注于"给予他人"，坚信要"舍己为人"。然而，并非所有情况下舍己为人才是对的，所以我们在坐飞机时会听到"首先戴好自己的氧气面罩"这条飞行安全指令。如果你自身的身体状况、情绪和心理状况不够好，非但不能成功帮助别人，甚至会让他人的境遇雪上加霜。一个人如果不会游泳，就不可能跳下水救人。同样，如果你自身的心理状况不佳，为什么还要背弃对关心自己的人的承诺或是让他们失望来帮助他人呢？

在第六节中，我们曾问过，作为领导者，你的慈悲心是不是出于自己的拯救者心态。这种硬要"修正"状况的欲望，可能会弱化自己的团队成员。而那些总是要让自己对人有所帮助的人，常常矢口否认自己的拯救者情结。

试试下面的练习：

 练习7.6[1]

梅拉妮最近刚刚离婚，感觉十分痛苦，找到了你。她表示对于朋友们的意见非常不满，觉得没有人理解她，所有人都站在她伴侣那一边，并且认为她给孩子们带来很多问题。

梅拉妮想要回到工作中来，但她知道自己情绪不稳定，工作表现会受到影响。

下面哪一种回应方式最接近你的方式？

回应一：你很直接地和梅拉妮讨论离婚的问题，告诉她离婚可能对她的生活有何影响，并且向她提供本地可以帮她处理相关事务的优秀法律顾问的信息，并建议她和学校沟通，请学校为孩子们提供帮助。你还建议她和她的主管联系，以便让后者在必要情况下为梅拉妮安排休假时间，最后，你再告诉她如何填补她离岗时的空缺。

---

1 本练习改编自Helplines.org的练习项目，网址https://helplines.org/ 。

回应二：你上心地向她了解她具体的状况，并问她对于一边处理个人生活，一边应对工作有何计划。你请她在本日工作结束后向你陈述她的具体安排方案（如果她当下还没想好的话）。你还向梅拉妮提供了一个心理关怀组织的联系方式，告诉她这类组织可以有所帮助，你还会亲自联系心理关怀组织，请他们帮助梅拉妮。最后，你询问梅拉妮，除了她已经提到的帮助之外，她还需要什么帮助，什么时候需要这些帮助。

回应三：你对于梅拉妮的境遇深有体会，因为你的弟弟也在经历同样的不幸，他的同事也毫无帮助。所以，你告诉梅拉妮，如果她需要的话，你非常乐意提供帮助。你还告诉梅拉妮说她的情况可能会很闹心，并向他提供了为你弟弟提供极为出色的法律援助的离婚律师的联系方式。你问她要不要你来代她联系心理关怀组织，她同意后你便这样做了。最后，你让她按照自己的意愿安排休息时间，你会亲自填补她离岗时的空缺。

每一种回应都有各自的合理性，请选择和自己的本能反应最接近的回应方式。

◆ 如果你选择了回应一，你的回应是"解决问题式"的。
◆ 如果你选择了回应二，你的回应是"指引式"的。
◆ 如果你选择了回应三，你的回应是"拯救式"的。

回应一虽含有很具体的帮助，但对接收者来说有些冷淡，可能并无意义。花一些时间来了解下梅拉妮的想法，会让自己所提供的解决方案更有效果。不过，这个回应方式仍然表明，你对于帮助他人的方案有所掌握，并且愿意让她寻求帮助。

回应二同样足够具体，并且看得出来你首先花时间了解了梅拉妮的情况，然后才为她提供建议。并且，由于梅拉妮有自己的倾向方案，你并非先入为主地向梅拉妮推荐自己的方案，而是尊重她的想法，让她自己主导，这样会更有效。相比自己硬加给他人的解决方案，他人自发想出的解决方案更有可能得以实行。更好的一点是，通过了解情况和认识梅拉妮自己的想法，会帮助你摆脱个人情感、反应和判断的束缚，对梅拉妮也有所帮助——尤其是当他人的情况和梅拉妮的经历有相似之处时。通过指引式的回应方式，你会认识到每个人的应对方式都有所不同，只要工作缺岗的问题解决了，对你来说就没有继续为别人指导分析的必要性了。

对高度慈悲的领导者来说，最为常用的方式是回应三这种拯救者的方式。拯救者们通常自身经历过困难，他们要么会通过帮助他人减轻自己的痛苦，要么想要帮别人避开他们自己的不幸经历。涉及关怀他人的职业中的领导者最惯常采用这种方式，比如教育和医疗行业（唐，2015），因为他们就是由于这类心理才从事这些职业的。通过从事这些职业，他们可以获得一种"补偿性经历"，即让自己所经历的困难发挥意义的经历。

那么，慈悲心是懦弱吗？

当然不是！

至少在表面上看来，表现出高度的慈悲心无可厚非，只是，处在领导者的角色之上，你要问一下自己：

1. 你有能力以同样的方式帮助所有的团队成员吗？

2. 通过使一个人依赖自己的帮助，对他们有什么好处？

3. 你若是误解了别人的情况，采用了不恰当的帮助方式怎么办？

4. 你可以一直对团队中更多有类似经历的成员保持如此高度的慈悲心，并同时维持自己在职场上的优秀表现吗？

让拒绝不再困难

正念用心的思考，不仅能够提升本书在第6节中所提到的教练技能，了解正确地指引自己的团队的途径，还能够使你认识到自己过度地满足别人的心理动机。

你不愿意拒绝别人的原因可能如下：

◆ 感到愧疚。

◆ 享受被需求的感觉。

◆ 因为被需求而感到自己的价值。

◆ 享有"这是某某，他无所不帮"的口碑。

◆ 不知道该做何回应。

鼓励别人自我帮助的建议

准备有实际帮助的，并且能够提升他人能力的回应方式，能够让自己在面对"请帮我一下"这种突然的请求时不会手足无措。

练习以下回应：

◆ 当然我会帮忙，不过我只在某个时间段有时间。

◆ 我只有5分钟时间，然后得处理某件事。

◆ 我可以在今天下班后或明天告诉你吗？

◆ 给你看一下我以前做的（然后提供一份模板）。

◆ 你需要我如何帮助你？我怎么才能最好地帮助到你？当下我能做的最有用的事是什么？

前三种回应和另外一种正念用心的注意点有关——提醒自己不要在情绪高昂时随意允诺别人。你可能对这三种回应有所疑虑道："……但他们肯定不会找我帮忙了。"可这时你要问自己：这一定是坏事吗？

第四种和第五种回应需要你有所准备，但最终会为你节省很多时间和精力。为常见的请求准备好一个模板，就无须在帮助别人时从头一步步地做了。同时，别人也能在你的指导和鼓励下独立完成任务。

同样，第五种回应要求你认识自己专长的领域。所以，应该让自己熟悉能引导别人获得心理支持的途径，然后再问他们自己可以提供的专长领域内的帮助，进而提升对方的能力。

如何自助

学会了如何指引别人寻找解决方案，你也应该花些功夫关照自己，而以提升自尊为目的的正念冥想在此尤其有效——因为那些过度热忱的人通常受困于低自尊问题。通过专注于自我价值的冥想练习，可以提升自己的价值感和对自己的慈悲心（史密斯，2014）。

试试下面的练习：

 练习7.7

> 如果你有10分钟的空闲时间，可以下载自我价值主题的正念冥想练习音频，音频内容包含对自我价值的积极肯定。下载地址为https：//www.draudreyt.com/meditations（密码：leaderretreat）。

如果没有那么多时间，试试下面的练习：

🎯 练习7.8

> 写下让自己有自我认同感的三种品质。
>
> 这些品质是让自己获得今天的职位的资本。如果你要求获得更高的报酬的话，不要忘了情商也同样重要——虽然其价值无法用金钱来衡量。

关照团队

正念练习对人有很多内在的益处，比如情绪灵活性、接受能力和慈悲心。你不妨鼓励你的团队成员将以下自我关照性活动纳入各自的日程表中：

◆ 及时去洗手间，多喝水。

◆ 多起身，每隔一小时便活动一下，定时将电子产品关机一段时间。

◆ 体会走到外面吃饭的好处，吃饭时用心专注。

◆ 收集并分享有关正念的材料，比如图片、卡通形象和名人名言。

◆（如果允许的话）聆听正念音乐或让人放松的音乐。

自我关照可以理解为让一艘小船保持一直漂在水面上的基础构造，这艘小船要时时面对要将它沉入水底的压力和四面八方的对船身的打击。

试试下面的练习：

练习7.9

你对自己的哪些方面有所关照？

◆ 卫生和容貌。
◆ 睡眠与休息。
◆ 健康的休闲活动。
◆ 健康的饮食习惯。
◆ 锻炼身体。
◆ 平静的内心和精神需求。
◆ 自我提升。
◆ 保持清醒。
◆ 健康管理。

标记出自己做得不够的一项，并写下自己打算如何改善：

_____

_____

_____

　　最后，不要忘记告诉自己对于不同人的意义，以及自己所应珍惜
的人和事。

练习7.10

把口袋、背包和钱包中的东西翻出来，确定哪些东西是随身必备的，提醒一下自己
这些东西对自己的意义。

　　铭记自己作为一个个体的价值十分必要，因为这样你才能在照顾他人的同时，不忘了关照自己。

总　结

1. 持怀疑论者常说自我关照是自私且没必要的。

2. 作为领导者，你的慈悲心越强，就越可能陷入拯救者心态中，对他人的帮助可能适得其反。

3. 对别人的请求，可以预备一些说法和材料，并练习这些说法，以对别人"授之以渔"，而非代替包办。

4. 正念冥想练习和对自我价值的积极暗示，能够让自己建立价值感，提升自尊心。

5. 通过实用的干预手段，比如提醒员工及时去洗手间，可以提升团队成员的自我关照。

6. 通过时常翻看自己随身携带的物件，提醒自己你是独一无二的，牢记自己不可替代的作用和意义。

正念工具包

◆ 人们通常所设想的领导技能中并不包括自我关照，它就像正念本身一样饱受质疑。

◆ 然而，随着领导者们所要承担的责任和任务越来越重大（情感机敏的领导者尤其如此），忽略自我关照定会对自己的表现产生消极影响。

◆ 自我关照十分必要，并非自私或自我陶醉。

要　点

1. 永远不要忘记花时间关照自己，包括向顾问咨询这样的正规手段，以及像吃午饭时关掉手机这样的非正规方法。

2. 有时要亲自为团队做出表率，向他们传达花时间进行自我关照的必要性。

3. 当自己陷入过度加班这样的不良习惯时，要有所留意。思考这些习惯背后的原因，并尽力摆脱。

行动

1. 练习"设定界限"的语句

◆ 您建议我以何种最佳方式帮助您？

◆ 你的打算是什么，我可以对此提供什么帮助？

◆ 我会在此后某个时间告诉你。

◆ 还有其他人可以帮到你吗？

2. 练习"设定界限"的做法

◆ 设定"办公室开放时间"，仅在此时间内开放。

◆ 在开放时间结束之后就不再接电话或占用工作时间了。

◆ 集中精力只做一件事（比如，在开会时把手机放到一边）。

◆ 对于常被问到的问题，准备好固定模板、程序、答案，分享给求助的人，以免每次都需要从头解答。

3. 进行非正规自我关照的建议

◆ 在有需要时及时去洗手间。

◆ 午间离开办公桌，实实在在地休息一下，即使时间不长。

◆ 开车或通勤上班的间隙，聆听一下鸟叫或感受一下阳光的温暖。

◆ 当做一项活动时——哪怕只是像脱外套这样的小事，用心地感受下这个过程。"分解"整个持续仅几秒钟的过程，认识到自己所做的所有动作。

4. 为自己的部门引进正规的自我关照活动

◆ 确保自己的团队成员了解该如何帮助他们自己的下属。例如，可以在公司局域网上添加有关自我关照的页面。

◆ 了解公司内部有关员工身心健康的活动，组织团队成员参加。

◆ 在下次团建日时，考虑增加提升身心健康的活动项目，比如瑜伽、一起唱歌或奏乐、按摩。

◆ 鼓励团队成员携带自己专属的随身物品，让他们在每次看到这些物品时，都会释放催产素（Oxytocin，有助于建立社会关系的激素）。

我所尝试的活动

日期	活动名称

有效果的活动

日期	活动名称

若有必要，可单独使用一张纸。

冥想方法

提升自我价值感的冥想练习

做一组有助于确认自己的价值的简短冥想练习。

找一处不会被打扰到的地方，让自己暂时忘掉一切事务，充分利用属于自己的时间。

首先，做3组让自己集中注意力的呼吸练习。

通过鼻孔吸气，屏住2秒。再通过嘴巴呼出，四，三，二，一。

通过鼻孔吸气，屏住2秒。再通过嘴巴呼出，四，三，二，一。

通过鼻孔吸气，屏住2秒。再通过嘴巴呼出，四，三，二，一。

一边继续呼吸，一边念出下面这些话：

◆ 我是个有价值的人。

◆ 我是一个好人。

◆ 我拥有宝贵的思想和观点。

◆ 我可以取得更多成功。

◆ 我的技能大有用武之地。

◆ 世界因我而不同。

◆ 我所享有的福分，都是我的应得之物，我乐意接受它们。

通过鼻孔吸气，屏住2秒。再通过嘴巴呼出，四，三，二，一。

◆ 我是个有价值的人。

◆ 我是一个好人。

◆ 我拥有宝贵的思想和观点。

◆ 我可以取得更多成功。

◆ 我的技能大有用武之地。

◆ 世界因我而不同。

◆ 我所享有的福分，都是我的应得之物，我乐意接受它们。

通过鼻孔吸气，屏住2秒。再通过嘴巴呼出，四，三，二，一。

◆ 我是个有价值的人。

◆ 我是一个好人。

◆ 我拥有宝贵的思想和观点。

◆ 我可以取得更多成功。

◆ 我的技能大有用武之地。

◆ 世界因我而不同。

◆ 我所享有的福分，都是我的应得之物，我乐意接受它们。

在任何有需求的时候，你都可以念出所有或个别的此类心理暗示。

通过鼻孔吸气，屏住2秒。再通过嘴巴呼出，四，三，二，一。
通过鼻孔吸气，屏住2秒。再通过嘴巴呼出，四，三，二，一。
通过鼻孔吸气，屏住2秒。再通过嘴巴呼出，四，三，二，一。

做好准备后，便可以睁开眼睛，回到自己所在的房间中来了。

第8节

情绪弹性与健康

开放式问题

◆ 在你看来，"情绪弹性"的含义是什么？

◆ 你在经历失败后通常有哪些反应？

◆ 对于工作和生活中的一切需求，你能够应付得来吗？

世界不会让你慢下来，但你自己却可以

世界的运转速度逐年加快。蒂姆斯（2018）提醒大家，曾经在几个世纪中都有效的知识，今天正迅速地失去

效力。如果你在19世纪学习了一项新技能，到1900年时，这项新技能还能派上用场，但你在2018年所学的新技能，可能在几个月之后就要被更新的技术淘汰了。不仅如此，科技的发展使得多任务工作成为可能，这意味着每个人都得能同时处理多项工作，领导者更是如此。这就要求你在自己的职位上不断更新自己的知识和能力，不断扩展对于自己行业的认识并思考未来的方向，同时还要维持同样快节奏的个人生活。今天无论是获取消息、购买商品、学习技能，还是网上约会的便捷度都大大提升了，除非你需要或刻意想要让自己的生活节奏慢下来，否则你所承担的所有繁杂事务会让你应接不暇。

或许我们需要一种文化变革，或许大家应该集体慢下来，但除非整个社会能统一降低节奏，多任务工作、预想与现实的差距，以及对于不断地奔波忙碌的硬性需求会一直是常态。所以最有能力的领导者，便是那些能够应付快节奏，并且保持稳定的工作绩效的人。

本章开头所引用的那句话，可以告诉读者两个道理：

1. 社会期待你保持振作，不断前进。

2. 前进的道路有时可能很艰难，但仍然要走下去，而了解并锻炼自己的情绪弹性，保持身心健康，就是自己不断前进的驱动力。

锻炼情绪弹性，保持身心健康的必要性

有冲劲和战略眼光的领导者，若能深刻体会自己的痛苦，接受并努力缓解（而非否认）这种痛苦以及其他类似的感受，并推己及人，在与员工的互动中表现出自己的慈悲心，其工作成效会更加出色——这是一种与时俱进的领导技能，可以增强领导者应对21世纪的职场动态的能力。

——瓦斯利辛（Wasylyshyn）和马斯特帕斯夸（Masterpasqua），2018

在上一节中，我们强调了对于自己身体、心理、情感的健康和持久力的关照的重要性。本节会引领读者探索两个相关的领域——情绪弹性和身心健康。如上面所引用的这段话中所示，这些品质对力图在当今职场中与时俱进的领导者不可或缺。

我们可将"情绪弹性"定义为一个人适应和承担压力与挫折的能力。一个情绪弹性高的领导者能够临危不惧，在危机中保持前行，还能在失败后东山再起。有研究证据表明这项能力部分是由基因决定的，但它同样可以习得——不过首先需要进行艰难的自我反思。

我们可将"身心健康"定义为"健康快乐的状态"（剑桥在线词典，2018），但职场上的"身心健康"是一个随着时代不断变化的动态话题。现在越来越多的人会因为身心健康问题休假（英国健康与安全执行局，2015）。2015年一项广受报道的调查表明，民众仍未将压力视作请假休息的正当理由，只有19%的被调查者认为是［怀特（White），2015］。然而，无论一个人对因压力休假的态度如何，若是忽视自己的身心健康，便可能对自己的工作效率产生严重的负面影响。

锻炼自己的情绪弹性，提升自己的身心健康，本应是自我关照活动中的一部分。我们之所以专门划出一节谈这两方面，是因为它们挑战了我们那些难以撼动的传统想法和行为。高度情绪弹性意味着你能够克服逆境，保持身心健康则要求你有良好的心态。

情绪波动常常由期待与现实之间的差距造成［鲍塞尔斯（Baucells）和萨林（Sarin），2011］。当人们对事情报以过高的期待，但现实却不尽如人意时，就会产生失望的情绪，甚至造成抑郁。这种情况在较为年轻的部门领导者之间越来越普遍，他们从小成长在"你无所不能"的气氛中，而如今（本书写作时）的经济环境却在不断地恶化［布尔科曼（Burkeman），2013］。而且，领导者本身所持的一些观念也不利于他们应对挫折。

试试下面的练习：

 练习8.1

你的思想观念中有哪些童话？

◆ 你的王子（公主）会来拯救你，并且与你"从此过上幸福美满的生活"吗？
◆ 世界归根结底是公平的吗？

本来充满隐喻的传说故事，被改编为迪士尼式的童话之后，给现代人的生活造成了潜在的危险，人们常被告诫提防这种危险，以防陷入对"从此过上幸福美满的生活"（却没有流畅的交流和共同的目标）的幻想。而且，人们对于一味地奖赏孩子也开始怀疑，而是转而告诉他们：

◆ 未来会有竞争。
◆ 天才和汗水都是成功的条件，常常需要二者兼备。
◆ 胜败乃兵家常事，失败是成功之母。

如果没有认识到失败的普遍性，无法从失败中吸取教训，随着因失败而失望，就越来越会陷入"逃避性"的行为，比如：

◆ 对药物和酒精等成瘾。
◆ 过度焦虑，或沉溺于空谈，无法行动。
◆ 惶惶不安，无法自拔。
◆ 否认、愤怒、烦躁。

或是出现"消沉性"的状况，比如：

◆ 精力衰竭，身体疲劳。
◆ 抑郁症状。
◆ 杞人忧天。
◆ 逃避现实。

[伯奇（Burch），2008]

通过发现并认识自己因挫折而导致的有害的想法和情绪，便有可能对它们有所控制。

提升情绪弹性

Mindful. org网站近年引用的一项研究表明，练习正念的人"能够更好地处理有害的想法和情绪，而不被其所掌控"（Mindful.org网站，2016）。能够起到该效果的一种练习是，在反复念诵有疗愈效果的积极暗示的同时，做放松、冥想、呼吸法或瑜伽等活动。以下积极暗示可供读者参考：

◆ 我会善待自己。
◆ 我会恢复平静，身心安康。
◆ 此时我正尽自己最大努力。
◆ 我会从容地接受一切。

冥想和瑜伽练习通常都包含念诵积极暗示。心理学家理查德·怀斯曼在他的著作《正能量2——幸运的方法》（*The Luck Factor*，2003）中，从科学的角度阐述了积极暗示的作用。他认为，人都是"天真的经验主义者"，换句话说，人性总喜欢寻找巧合，来证实自己当时对于世界的认知。因此，通过利用像"我很幸运"这样的积极暗示，人的思维会随时随地准备好寻找积极的（或幸运的）事件。

　　试试下面的练习：

🎯 **练习8.2**

> 重复3遍念这句话："我能够从容不迫地应对今天的所有挑战。"你心中的那个天真的经验主义者，便会下意识地让你注意到能够验证这句话的事件。
>
> 怀斯曼研究发现，自认为不幸的人每天清晨念"我的运气很好，今天对我来说又是一个幸运日"这句积极暗示，能够改变自己的运气。

　　专注于现实，不代表就此和美好的童话诀别，而是能更好地认识童话的本质——对一种概念的阐释，而非现实中的实例。

　　认识到失败的普遍性，并且坚信我们能从失败中有所收获，虽然并非易事，却能够大大提升我们的情绪弹性。

接受失败，越挫越勇

　　对专注于成功的领导者来说，失败意味着付出了代价，因此他们会在心里逃避或压抑失败的现实，企图将其抛诸脑后。然而，如果能够正念用心地面对失败，回顾失败的经历，将其看作学习到的教训（而非等闲视之，敷衍了事），便为未来的成功做了重要准备，并且，失败还是将来忆苦思甜的重要回忆。因此，经历失败之后反思的能力，和应对失败的策略，都能够反映出一个团队的团结程度和解决问题的能力。

试试下面的练习:

 练习8.3

在下次经历失败时,不要总问为什么自己的能力无法转化为成功,研究一下成功做成这件事的人以及此人的成功经历,问自己:

◆ 要取得成功,我需要在哪一方面做出改善?

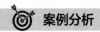 **案例分析**

反思

一个人来到一家机构求职,这家机构回复说他"不适合"。此人立即辩解,证明自己是合适人选,对方不以为然,他便懊恼地离开了,遗憾不能为自己"正名"。

通过咨询,这个人意识到,他当时立即接受对方的回复,便可以问一些成长性的问题:

◆ 我需要提升什么技能得到这份工作?
◆ 我需要满足什么条件,才可以成为这份工作的合适人选?

遗憾的是,他没能这样做,却陷入僵局,导致那家机构认为自己"顽固",让自己比被拒还难堪。

我们要认识到,自己有时对失败的看法是不对的。

类似于案例中的情况一样,领导者都熟悉事情常有的错综复杂性,有时你的成功得不到认可,有时成功会姗姗来迟,有时情况不尽如人意,有时则出人意料。所以,要培养一种发自内心的而不需要任何像证书或奖项这些统一的、外显的成功标准。深入地了解不同机构或不同领域的成功标准，能够提升领导者的毅力［克拉夫（Clough）和斯特雷哈尔斯基（Strycharczyk），2012］，同时也树立了对自己的信心——因为自己对于工作成果有自己的标准，而非依赖"上级"或同事的肯定。

试试下面的练习：

 练习8.4

◆ 列出你所在领域的成功标准（可以回顾自己在第六节中所列的）。
◆ 征询团队成员对你们所在领域成功标准的看法。
◆ 将征询结果一条一条地公布出来。
所谓"公布"，可以将这些成功标准定为你们的工作目标或工作绩效的衡量标准，更重要的是，由于有了清晰的标准，你的团队可以依之斟酌自己的工作进展得是否顺利。

拥有情绪弹性，意味着在失败之后能够重新振作，不因为失败便气馁。扑克玩家常说，人人都可以在牌好的时候赢，真正的高手是能够将不好的牌打好的玩家。

人在遭遇挫折之后，便会产生悲观想法，要克服这一点，需要培养正向思维，首先则需要认识一下无益而负面的思维方式：

◆ 悲观预测，比如，"我知道在我参加的这场聚会中没人理我"。

◆ 主观臆测或读心术，比如，"别人都在嘲笑我"。

◆ 自动过滤积极信息，比如，禁不住从一个总是批评自己的人那里获取对自己的评价，而忽视众多支持自己的声音。

◆ 过度泛化，或给自己贴标签，比如，"我一无是处"。

之后，你可以通过以下方法，挑战这些负面思维：

◆ 寻找确凿的证据，比如找到能够确定或全盘否定负面思维的实证。

◆ 分类，比如，将某些思维归类为"无益思维"。

◆ 做自己的教练，比如把说给有同样困惑的朋友的话说给自己听。

◆ 展望未来。比如，问自己三个月、半年、一年后怎么再看今天所发生的事情。

◆ 转换思维，比如，探索其他评估当下的情况的思维方式。

（英国国家医疗服务体系苏格兰分部，2018）

试试下面的练习：

🎯 练习8.5

1. 参照下面表格，找到自己在经历挫败后会产生的负面思维模式，比如，经历分手后会说"我不值得爱"，受到批评后会说"一无是处"。
2. 将此类思维方式归类。
3. 写出能够否定这些消极想法的论述（和答案）。[1]

消极（无益）的想法	类别（比如"过度泛化"）	否定论述
我一无是处	贴标签／过度泛化	◆ 有什么证据可以证明我一无是处？ ◆ 有什么证据可以否定这个想法？ ◆ 我的成功之处在哪里？

保持身心健康

一旦学会了锻炼情绪弹性，提升应对挫折的能力之后，你便可以努力保持自己的积极性，这样会对自己在工作和生活中的表现（尤其是人际关系）大有好处。

然而，我们常矢口否认的一点是，我们的身体在面对情绪压力的情况下，会产生一些生理变化。

试试下面的练习（注意不要伤到自己）：

---

1 本练习改编自常用于通过寻找证据否定情不自禁的负面想法、增加正向思维的练习，由拉德克斯卡（Ladkowska）等人于2018年设计。

🎯 练习8.6

找一根橡皮筋，拉伸橡皮筋，保持拉力，会出现两种结果之一：

1. 橡皮筋会绷断。
2. 橡皮筋会失去弹性。

这反映了身体惯常处于压力之下的反应，如果你不能释放自己所承受的压力的话，身体会通过出现诸如胃溃疡、高血压甚至更糟的异常状况，逼迫你释放压力。

通过正念练习，你可以认识到身体所承受的压力的大小，并缓解压力造成的症状。

提升身心健康的方法

不要过度承压

冥想是一种值得推荐的提升韧性的方法，深呼吸练习能够在身体承受压力的时候促进体内生理机能的改变。如果读者想要做此类冥想练习，请访问www. draudreyt. com/meditations，播放 "Meditation for Inner Strength"（内在力量的冥想）文件。

如果你的时间有限，建议试试下面的练习：

 练习8.7

1. 握住一个对自己有特殊意义的物品。
2. 全神贯注于这件物品上，深呼吸，想一下它对你到底有何特殊意义，比如，它可能是某个特别的人买给你的。不管它具有什么特殊意义，专注地回忆一下，当看到一个有关这个物品的画面时，让画面的颜色明亮起来，让画面中的声音和感觉都生动起来，仿佛你在重新经历这个场景一样。
3. 当你全身心地置身此场景之中时，享受它带给你的感觉。
4. 将注意力转移到这件物品上来，告诉自己，每天看到它时，便可以重新体会内心所洋溢的温暖的感觉。[1]

若读者想要做指导冥想练习，请访问www.draudreyt.com/meditations，播放"Focus Object"（凝聚注意力的物品）音频文件。

庆祝自己所取得的成功

在实际操作中，并非所有认可正念的练习者都喜欢平心静气式的练习。对他们来说，在坚持以让自己放松下来为目的的前提下，采用"赋予能量"式的练习方法不失为好的选择。

试试下面的练习。

1　本练习改编自蒂莫宁（Timonen）等人于2018年设计的题为"凝聚注意力的物品"练习，练习采用"神经语言规划"的主导方法。

🎯 **练习8.8**

> **"个人作品集"**
>
> 1. 写下一句自己的格言。
> 2. 把这句格言重复念3遍。
> 3. 想一下自己在过去所取得的成就，就像在看自己的个人作品集一样，在头脑中播放此高光时刻。
> 4. 再次重复念一下自己的格言。
> 5. 想一下自己在过去这一周所取得的成就，再次以观看个人作品集的方式认真回顾下这些成就。
> 6. 再次将自己的格言重复3遍。

本练习的目的是让自己深刻认识自己的成就。之所以让读者思考自己在近期所取得的成就，是要提醒读者，需要继续前进，以取得令自己骄傲的成就。若是当前面临困难，这种思考可以赋予你能量，助你找到全新的解决方法或不同的解决路径。

再次提醒读者，如果你寻求相同目的的指导冥想练习，请访问www.draudreyt.com/meditations，播放"Personal Showreel Exercise"（个人作品集）。

做"身心健康环境核查"

所谓"安全"的工作环境，便是那些有助于激发人的韧性，给人以幸福感的工作地。

一个安全的环境中，通常有着明晰健全的支持和发展体系，领导者依据人性化的领导和管理机制工作，而非通过骚扰和欺凌下属；

人们乐于承担责任，而非互相推诿，这些便是最佳工作环境的构成要素，只是这些相对于很多领导者所面对的现实来说太过美好了。所以，为你的部门做一次"身心健康环境核查"这样的非正式（不记名）调查，可以让你认识到自己团队的工作环境对身心健康的有利程度。

试试下面的练习：

 练习8.9

让自己的团队成员来为你们的工作环境评分（1—10分，10分为"非常符合"，1分为"非常不符合"）：

◆ 我在工作中感到被关心。
◆ 我在工作中很有安全感。
◆ 工作带给我很多乐趣。
◆ 人人得以公平对待。
◆ 我的工作成就和长处能够得到认可。
◆ 我在工作中可以做自己。
◆ 我的工作场所很友善。
◆ 我对自己的工作很有兴趣。
◆ 我的团队严厉对待欺凌和骚扰。
◆ 当我工作进展不顺时，知道如何获取帮助。
◆ 我的工作单位重视我的意见。
◆ 如果遇到问题，我知道向谁汇报。

对于以上描述的评分能够让你认识到自己的领导者每天的感觉。如果在回答这些问题的过程中想到什么工作上的困难，可以主动与领导对话，研究问题，探讨解决方案。

腾出正规或随心的正念练习时间

截至目前，本节（甚至本书）所介绍的正念练习都有具体的行动或练习方法，但请记住，正念练习并非一定要有固定的规程。

读者当然可以专门规划出时间来做冥想练习、安全环境核查、分析、转换思维，但如果能腾出片刻时间，体验活在当下的感觉对于改善身心健康状况也不无好处［基赛尔·维基拉（Kissel Wegela），2010］。

试试下面的练习：

🎯 练习8.10

◆ 在外散步时，聆听鸟鸣声。

◆ 在外散步时，停下脚步体会和煦的阳光。

◆ 喝水时，仔细体会解渴的感觉。

◆ 吃东西时，慢慢体会食物的口味，看自己能否识别不同的味道。

◆ 无论如何，善待自己。

◆ 穿能够表达自己独特风格的衣服（即便表达得不够突出也不要紧）。

◆ 在自己周围摆放自己热爱的人或物的照片（很多人会说，"没必要，因为我手机里有这些照片"，但是，之所以要放在身边，是因为看一眼喜爱的对象，就能够促进体内催产素这种有助于建立社会关系的激素分泌）。

认清并遵守自己的界限

为了提升一天的工作体验，可以对自己的习惯做一些细微的调整，或许你的团队成员会效仿你并从中获益：

◆ 及时去洗手间。

◆ 散一小会儿步，伸展双腿。

◆ 及时喝水。

◆ 制定"办公室开放时间"，遵照执行；每天晚上定时关掉手机和电脑。

◆ 如果不能直接拒绝的话，练习说"我过会儿回复您"。

◆ 练习说"我只有××分钟的时间"，并遵照执行。

◆ 练习本节前面所推荐的提升情绪弹性的方法，以提升自己全身心的健康。（这些方法可以为你设立自己的界限。）

在心中为自己设定界限，比如通过挑战无益的想法，不仅可以让自己保持坚强，还能明确地让他人知道你什么时候可以提供帮助，尽你所能坚持做到，这也是你对自我价值的承诺的一部分。

当你重视自己时，便会维护自己的身心健康——你的团队也会上行下效。

总 结

1. 提防并质疑头脑里那些听起来美好却与现实有出入的童话故事。

2. 小心陷入回避性或消沉性的行为。

3. 练习积极暗示，让自己多留心积极正向的行为。

4. 质疑自己习惯性的思维模式，换一种方式将其归类，按照本节提供的建议转换思考角度。

5. 采用非正式的"情绪安全检查"，认识自己团队的工作环境对身心健康的有利程度。

6. 对通过"情绪安全检查"所暴露的问题，深入调查，提供所需的支持，着力解决。

7. 利用片刻时间，做非正式的正念练习。做得越多，越能够活在当下。

正念工具包

◆ 正念练习对领导者大有裨益，比如，可以提升他们的挫折承受力，有助于他们在面对挫败后重新振作，即使处境艰险、孤军奋战，也能坚定前行。

> ### 要　点
>
> 1. 任何失败，都可以视作吸取教训、激励自己和团队不断开拓进取的机会。在遭遇失败后，问自己"我能从中学到什么"，而非"到底哪儿出问题了"。
>
> 2. 当自己心情愉悦时，不要忘了去做那些有益身心且令人愉悦的活动。不要等到压力巨大时才想到让自己放松。
>
> 3. 小心自己回避性或消沉性的行为，认识到引发这些行为的原因。

行动

1. 转换思维

下一次发现自己陷入回避性（比如视而不见、酗酒）或消沉性（如自暴自弃）的行为时，参照下表记录下来，思考自己可以做其他什么事取而代之。

诱因	行为	取而代之的方案

可以将表格中所填内容以"工作相关"和"个人生活相关"进行区分，并比较这两类，看是否有类似的引发原因。

诱因（"工"表示工作相关，"个"代表个人生活相关）	行为	取而代之的方案

如果能够找到类似的诱因，你可以如何避免或者减弱这些诱因对自己的影响？

1.

2.

我所尝试的活动

日期	活动名称

有效果的活动

日期	活动名称

若有必要，可单独使用一张纸。

冥想方法

指导冥想练习：凝聚注意力的物品

握住一件对自己有特殊意义的物品。

全神贯注于这件物品上，深呼吸，想一下它对你到底有何特殊意义，比如可能是某个特别的人买给你的。不管它具有什么特殊意义，专注地回忆一下，当看到一个有关这个物品的画面时，让画面的颜色明亮起来，让画面中的声音和感觉都生动起来，仿佛你在重新经历这个场景一样。

当你全身心地置身此场景之中时，享受它带给你的感觉。

将注意力转移到这件物品上来，告诉自己，每天看到它时，便可以重新体会内心所洋溢的温暖的感觉。

提升毅力的冥想

找一个不会被打扰到的地方，坐下或躺下，关掉手机和电脑。

集中注意力呼吸，通过鼻孔吸气，嘴巴呼出。通过每一次呼吸，让自己渐渐地放松下来，为本次提升毅力的冥想做好准备。

在你深呼吸的同时，设想一支燃烧得明亮的蜡烛，烛光忽闪忽闪的，同时，火焰会离你越来越远，但不会熄灭。

放松地深呼吸，观察烛光闪动。

在你吸气时，从烛光中吸收能量，让这股能量温暖全身。

伸手靠近烛火，烛火离自己越来越近时，也越来越热，越来越充满能量，这股能量急剧扩散，让人激情饱满。你能深刻感受到它的力量。

这股能量流入你的鼻孔，通过躯干下行进入四肢，流遍周身，你能够感受到它的温暖和力量。当你呼气时，你的气息增大了蜡烛的火势，为你下一次吸气提供能量。

放松地深呼吸，从自己周围吸入能量，并把自己呼出的能量灌注到周围的环境中。

继续通过鼻孔吸气，嘴巴呼出。

就像这支能够照亮整个房间的蜡烛一样，你也可以照亮一片黑暗。不管这片黑暗笼罩着你还是你所亲近的人，你的能量和力量都能够让你成为光明的灯火。

你的心中充满力量，能够让你照亮整个房间，你的存在使周围的一切充满生机。

深深地吸气，继续吸收蜡烛所释放的能量，然后呼出，给周围的一切带来能量。

当你身处黑暗之中时，重新回到这支蜡烛旁边，它能够助你播撒光明，让你充满能量和力量，使你能够照亮周围的一切。这支蜡烛只属于你，是你的能量之源，让你无所不能，你身体中蕴藏着巨大的能量，让你闪耀着光芒。

深深地吸气，继续吸收蜡烛所释放的能量，然后呼出，给周围的一切带来能量。

吸气，呼出。

继续吸气，呼出。

请记住，每当你觉得自己需要补充能量和力量时，都可以找到这支蜡烛，让自己再次闪耀光芒。

全神贯注地呼吸，慢慢地睁开眼睛，回到自己所在的房间中来。

引导练习："个人作品集"

写下一句自己的格言，准备好闭上眼睛。

眼睛闭好之后，回忆下那句格言。做3次深呼吸——通过鼻孔吸气、嘴巴呼出，让自己心神安定下来，每一次深呼吸，都在心中默念那句格言。

继续安定平和地深呼吸，回顾一下自己过去所取得的成就，如同在看自己的个人作品集，让影片中的高光时刻在你脑海中播放。

再次默念自己的格言。

现在，将注意力转移到自己在过去一周所取得的成就。让这些成就同样以高光时刻的形式在脑海中播放。

将自己的格言继续默念3次。

告诉自己：我在过去的人生中取得了诸多成就，未来同样可以贡献丰功伟绩。

当自己准备好时，便可以回到一天的工作和生活中来了。

第9节

认识自己的不足

开放式问题

◆ 你有没有试过"虚张声势地"摆脱一个困境？为什么要这样做？

◆ 你有没有曾坚信自己能行，却发现自己失败了的经历？失败后你采取了什么后续措施？

◆ 从以上两种情况中，你学到了什么？（其后有没有重蹈覆辙？如果有，为什么？）

◆ 在你目前职位的工作之中，自己有哪些不喜欢或需要提升的方面？

成熟的领导者对自身不足熟稔于心

对不足有了认识，便已经超脱于不足了。

——黑格尔

作为一个领导者，你可能常常鼓励团队成员提出问题，认识到自己知识的局限并加以弥补，但你自己会花多长时间这样做？身处高压的工作环境中，你必须要应付各种各样的工作任务，会让自己觉得自己的能力总是在不断拓展，这样当然令人振奋，甚至会让你不断地创造佳绩，但为了防止出现脱轨领导（leadership derailment）现象，你还是应该常常反思，不断学习。

所谓脱轨领导，即一位领导者"脱离既定职业发展规划"或让工作"迟滞不前"［富厄姆（Furnham），2013］。如此会让自己遭遇降职或者得不到提升（包括无法按自己预期得到擢升的情况）。当一位领导者不能依照工作的变化和需求发展自己的能力时，便会成为脱轨领导，而当他/她拒不相信自己能够拓展能力适应外部要求的变化时，这种情况便会持续恶化。

根据富厄姆的解释，即使那些拥有积极的品格或能力的领导者，同时也有各自的"阴暗面"，影响自己的积极能力的发挥，比如：

◆ 一个自诩正直的领导者，思维可能会过于僵化，或常常将自己的观点强加于别人。

◆ 创新力强的领导者，可能会脱离实际，意识不到自己对人员、材料和预算的不合理需求。

◆ "以顾客为上"或"团队第一"的领导者，则有可能过于"软弱"，不敢做出任何会"得罪人"的决定。

试试下面的练习：

 练习9.1

列出使自己成为优秀领导者的3项品质：

3项优秀品质	这些品质的"阴暗面"
1. 2. 3.	

然后，写出这些品质各自的"阴暗面"（也就是你自己潜在的"脱轨因素"）。

　　现在为自己做一次脱轨因素的核查为时不晚，你可以及时做出改进。在几年前还不是问题的情况，现在可能突然给你带来麻烦。同样，你可能曾经非常努力地克服一些自己的问题，但随着时过境迁，现在你最好在其他问题上下功夫了。

团队也可因之受益

　　你不仅可以从对自己的不足的认识中受益匪浅，还可以通过鼓励团队成员来探索各自潜在的脱轨因素，使他们从中获益。当你正在考虑晋升某些团队成员时，他们的脱轨因素当然是可以纳入考量的因素。如果始终能擢升员工到适当的职位上，会为未来的工作省掉很多麻烦。

　　试试下面的练习：

🎯 **练习9.2**

正念用心地安排岗位接替

◆ 想一下自己部门内部有什么职位晋升机会。

◆ 列出此职位当下和在未来发展规划中所需要的能力，并想出可能发生的变化，比如，一个领导职位会不会从领导小团队扩展为领导大型的或远程的团队？

◆ 列出你考虑提升到此职位的人选，写明提升这些人选各自的缘由。

◆ 想一下这些候选人各自的能力有什么"阴暗面"，包括你对此的观察和推想。

◆ 思考一下这些"阴暗面"会如何随着部门的发展影响到工作表现。

◆ 构想这些候选人未来成长和发展的可能性，并考虑自己可以对他们的成长和发展所提供的支持和引导。

根据以上这些更为全面的考量决定晋升人选。

　　正如本书此前所言，处在领导者的岗位上要面对很多孤独，有时，你只能从自身获取前进动力和对自己决定的确信。这需要你不断提升自信，但盲目自信又会变成傲慢（自信的"阴暗面"）。要做一个成熟、明智的领导者，一定要了解自己的"阴暗面"，努力克服"阴暗面"，为自己的团队做出表率。

对自身能力认知的好处

　　试试下面的练习：

🎯 **练习9.3**

> **思维实验**
>
> 有人来挑战你所信奉的价值，你会如何回应？
>
> ◆ 给此人些颜色看看，使其认识到谁是真正的领导。
> ◆ 拱手退让，因为此人的挑战可能是对的。
> ◆ 查明原委，与之沟通，弄清楚他做出如此行为的原因。

以上三种回应各有合理之处，有时你确实需要奋力回击，而有时又必须让步。但如果有可能，并且在时间允许的情况下，查明原委绝无坏处。

如果你能以一句"逃避条款"曲折迂回地回应这个挑战，可能会发现挑战者并无恶意，而是出于无知才做此举动。通过此做法，你有可能在两不相伤、互相尊重的基础上，由于自己的宽容大度而为自己赢得一位支持者；对方若是继续无理取闹，你便是暴露了他的缺点，使其理亏词穷，不战而败。

当然，领导者们并非总是有时间这样做，但即使只是留意自己的第一反应，也是一项重要的能力，让自己能够意识到自己在做出回应时并非别无他法。吕克（Lueke）和吉布森（Gibson，2016）发现，正念能够让我们认识到自己隐性的偏见，对自己的第一反应更为了解。冥想虽然无法祛除一个人心中的"自动联想"，却能够让人对于自己的反应有所认知和掌控。吕克和吉布森的研究主题只是人的偏见，我们也可以通过正念冥想对于其他无意识思维过程有所了解。

试试下面的练习：

练习9.4

如果你有5分钟的时间，下载并听一下有关认识并打破习惯的冥想练习音频材料。

对于自我不足的过度敏感

虽然认识自己的不足是一项成熟的领导技能，有利于自己的职业发展，但我们需要问一个更为深刻的问题：一位领导者有没有可能对于自己的不足过度敏感？本-泽夫（Ben-Zeev，2010）告诫大家，有时我们会对一些不足过于敏感，导致自己有心无力甚至消沉沮丧。

三种常见的有心无力的情况包括：

1. 人的欲望是无止境的，而能力却是有限的。

2. 我们所努力避免的一些事情终将发生（本-泽夫举了"变老"这个普遍的情况为例）。

3. 了解自己有能力获得却并不想去追求的事物。

类似于"有志者事竟成"这样的说法，对那些踌躇满志的领导者来说也常常有负面作用（比如"脱轨"），因为"在一个复杂且真实的世界中，人不可能同时把所有的事都做得完美无瑕；你不可能同时追求所有的目标，满足所有的欲望。认为自己能这样做的，常常会把自己弄得心力交瘁"［斯诺威（Sinoway），2010］。

若想在人的能力和客观世界的局限内取得真正的突破性成就，秘诀在于活在当下，认识到自己能够有所掌控的因素。

试试下面的练习：

 练习9.5

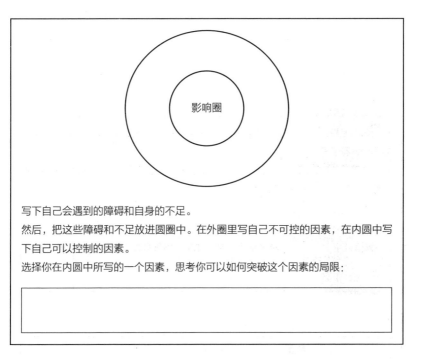

影响圈

写下自己会遇到的障碍和自身的不足。

然后，把这些障碍和不足放进圆圈中。在外圈里写自己不可控的因素，在内圆中写下自己可以控制的因素。

选择你在内圆中所写的一个因素，思考你可以如何突破这个因素的局限：

对自身不足有所认知，能够让自己认清现实的情况，追求实在的成果。

如何接受自己成就的局限性

斯诺威（2010）认为，对大多数管理者和领导者来说，接受自己成就的局限性是最难的一件事。不仅客观的世界中有诸多限制性因素，哪怕就自身可以影响的领域来说，自己也要做出优先考量并有所取舍。用心地鉴别出自己所应优先考量的因素，能够帮自己摆脱欲望的困扰，而坚持追求对自己真正重要的目标。斯诺威总共列出了领导者常常要衡量取舍的七大因素。鉴别对自己来说最重要的追求，了解自己在哪些方面花费了最多心血，能够摆脱困扰自己的坏习惯。

试试下面的练习：

 练习9.6

查看以下表格。思考表格中所列的各个方面对于自己的重要性，想一下自己在这些方面中各花了多少时间。

在考虑第一个问题时，问自己：既然我的时间和资源很有限，这个方面（相对其他方面）对我来说的重要性有多大？

日　期：＿＿＿＿＿＿＿

家庭	朋友/社会关系	精神生活	身体健康	物质财富	兴趣爱好	职业发展

比　如：

家庭	
	重要性
	自己目前所花费的时间

请注意，以上表格覆盖了生活和工作的各个方面，也可以做一个有关领导岗位的各项要求的表格，如下：

团队动力	优化部门	部门成长	团队建设	达成目标	其他

明确列出自己所应重视的（并且可以有所成就的）领域，认识在此领域所花费的时间和在其他领域中所做出的牺牲，能够帮助自己更好地管理自己的行为习惯，做出更明智的选择，以便更好地实现人生的意义。你虽无法"统治世界"，但可以让自己所在的世界更加美好。与其一味地期待改变，不如努力做出改变，让自己身体健康，生活愉悦。

了解并留心自己的不足和长处，是"一种重要的打造完整的自我，提升心理健康和人际关系，在工作中实现自我价值的途径"［德奥贝尔蒙·汤普森（d'Aubermont Thompson），2017］。这样做就像为忙忙碌碌的人生按"暂停键"，将经历集中到真正重要的事情上来。真真切切地认识当下，能够防止自己被习惯或无益的行为所蒙蔽或分心。即便是片刻的反思，也能让自己有更多有益、主动而有意义的作为，不仅有利于自己的身心健康，而且由于能够全面客观地看待自己的领导角色，给自己带来更多成就感，并延长自己的工作寿命。

总 结

1. 实事求是地看待自己的不足，可以认识到自己应该进一步提升的领域，让自己持续进步。

2. 使你成为优秀的领导者的品质也有其"阴暗面"，稍不留神便有可能让自己的生涯脱轨。

3. 记住，自己也是普通人，没必要追求面面俱到的完美。因此，不妨花些时间反思一下自己应该综合考虑的人生的各个方面，想一下自己在各个方面所花的功夫有多少，尤其是要思考对自己最重要的方面。

4. 为自己腾出时间来反思生活，让自己重新掌控人生，朝着自己追求的方向前进。

正念工具包

◆ 务必要察觉到自己潜在的脱轨因素，在其为你制造麻烦之前着手解决掉它。

◆ 认识自己的不足是成长的开端。

要 点

1. 随时记得花时间思考自己的各项要务，衡量自己在每项要务上所花的时间。

2. 时常停下来观察下自己对不同情况的应对措施，看是不是习惯性的。

3. 尝试一下针对自己所面对的同样的情况做出不一样的回应。

行动

1. 如果发现自己应对措施是习惯性的

◆ 思考自己可以采取何种其他行动方案。

◆ 如果新的方案更为有效，就贯彻下去。

◆ 为积极尝试新方案而赞赏自己，并将新方案纳入自己的选择范畴中。

◆ 反思新方案的整体效用，思考下次面对同样的情况该做何种反应。

2. 反思本节此前鉴定自己领导技能的"阴暗面"的练习

寻找自己可以认识到的"阴暗面"，并消弭其破坏性作用的方法。

	诱因和"阴暗面"行为	消弭其破坏性的措施
1.		
2.		
3.		
例如：	在争议中总是站在道德高地上，使自己缺少同情心	不要只关注事，也要看到牵涉其中的人，当认识到对方也有其道理时，认可对方

你还可以考虑：

◆ 请自己的朋友和团队成员对自己做出全面的评价。

◆ 与能指导自己的良师益友一起工作。

3. 在选择自己的团队成员时，想一下每一位候选人的潜在脱轨因素。

候选人	能力	已知或观察到的"阴暗面"	本人可提供的支持

我所尝试的活动

日期	活动名称

有效果的活动

日期	活动名称

若有必要，可单独使用一张纸。

冥想方法

利用指导冥想练习认识和摆脱习惯

本次指导冥想练习可以帮助你摆脱对自己不利的习惯。以舒服的姿态坐下或躺下，关掉手机和电脑，以期最大限度地利用好这段冷静反思和补充能量的时间。

平静地深呼吸，在脑海中设想一幅浪花冲刷码头的美景。浪花拍打码头的声音不绝于耳，四周新鲜的空气沁人心脾。

通过鼻孔吸气，嘴巴呼出。

聆听海浪的声音，呼吸新鲜的空气，享受放松、平静、令人充满正能量的感觉。

你眺望码头，发现其上有物体，便向其走近。

在你靠近码头时，发现码头上的物体是一些箱子，有些摞在一起，有些散落在地面上。

走近这些箱子，你发现每个箱子都有各自的标签，标签的内容都是对自己不利的思维和行为，仔细看一下，你发现有"恐惧""缺乏自信""外貌形象""期望值"，看清楚，仔细读一下，对这些标签了然于胸。

打开其中的一些箱子，你分别在其中看到了含有什么挫折的画面？有没有以前上学时的成绩报告，曾经受伤、妒忌、失望的感觉？有没有看到那些让自己失望的人？再次看一下那些标签，回顾那些阻碍自己前进的人和事，同时要认识到，没有什么能够永远阻挡你前进。

通过鼻孔吸气，嘴巴呼出。

再次环顾码头四周，你会发现一只小船停靠在码头上。现在，合上你所打开的箱子，将其搬运到小船上。轻轻而有节奏地将这些箱子抱起来，搬到船边，装载到船上。不管有多少箱子，这只小船都可以装得下。你一边装载，一边发现自己越来越有力量了，仿佛你可以搬越来越重的东西一样。

继续抱起箱子，搬运到船边，装载到船上。

抱起箱子，搬运到船边，装载到船上。

继续，直到所有的箱子都已装载到船上。

装完后，再次看一下小船上的箱子，读一下箱子上的标签，回顾下这些自己经年累月地承载的重量。

呼吸带着自由气息的新鲜空气，由鼻孔吸入，嘴巴呼出。回味一下自己所承载的重量上升的感觉。

做好准备，走向小船，解开将其固定在码头上的绳子，让小船在水中漂荡。

随着小船载着所有的箱子漂离海岸，凝望自己多年承载的重量向远方漂去的图景。

装载了箱子的小船离自己越来越远，在视野中也越来越小。

装在箱子里的东西曾经有助于你的成长，它们共同塑造了今天的你，明天也还是你不可磨灭的经历，但它们不必成为你的负担。它们已经实现了各自的意义，现在可以漂流而去了。你现在清楚地知道，自己已经学到了曾经所应该学到的所有东西，便可以放下重担，继续前行了。

小船上的箱子在视野中越来越小，最终消失在地平线。现在，你的眼前只有拍打着码头的水花，清澈透亮。

呼入空气中弥漫的自由的感觉，让一切释然。

每当你想释放心中所负载的箱子时，都会有一只小船在码头上等待着你。有时，释放重量的时机可能还未到来，有时你则可能已经负重太久，忘记了这些重量已经不再有积极意义了。不要让这些箱子继续成为你的阻碍了，你已经学到了该学的教训，现在可以继续前行了。

做好准备，向码头告别，走回自己所在的房间中，体验如释重负、积极向上的感觉。

通过鼻孔吸气，嘴巴呼出，让自己放松，淡然接受曾经所负的重量离自己远去。

准备好后，睁开双眼，体会自己释放重量后生气勃勃、一身轻松的感觉，带着这种感觉回到一天的工作和生活中来。

第三章
Chapter Three
正念成长

第10节

启发与成长

开放式问题

◆在你的领导角色中，你最重视的环节是什么？

◆在过去一周中，你为自己的团队成员加油打气或提供支持帮助几次？

◆哪些领导人物给你带来最多启发？为什么？

在职场中鼓励成长

> 人生是一个课堂，只有终身学习者才能取得领先。
>
> ——金克拉（Zig Ziglar），美国作家，2013

简·哈特（Jane Hart，2018）曾做过一场题为"学习的生态系统"的演讲。面对观众，她首先发表了3点忠告：

1. "铁饭碗"很快会成为历史。
2. 人工智能和机器人正在给很多工作岗位带来变革。
3. 很多知识和技能，在人们还在学习的同时可能就被淘汰了。

在各位读者读这本书期间——甚至在你花五六分钟做冥想练习的过程中，可能社会中就发生了很多变革。

就读者所在的现实环境来说，你可能不需要担心自己的知识和技能目前会如此迅速地遭到淘汰，但用心的领导者肯定已经意识到，人们的学习习惯已经在变革。人们（包括你自己）在其职业生涯中会遇到很多转折点，必须要不断变通地学习，努力掌握"放之四海皆准"的技能，要比以往更独立地学习。

简单举例说来：现在的你，正在读这本书，独立做书中所提供的练习。但几年前，要学习"正念练习"的话，你可能要专门开设一个体验研讨会，和团队共同学习如何应用正念。而如今的学习和成长已经不同于传统的教室，无须依赖别人了。

既然你自己可以独立学习，你的团队也可以如此，可以鼓励他们尝试诸多学习资源，包括社交媒体、学习会议、TED演讲、在线论坛，同时你的部门也可以经常独立举办培训。你的团队成员也在不断有意或无意地向作为领导者的你学习。

帮助他人学习是领导者必不可少的工作任务——这点是"服务型领导方法"所重点强调的［格林利夫（Greenleaf），1991］。传统的领导岗位要求领导者占据"各层级的顶端"，服务型的领导则要帮扶自己的团队成员成长，以期让员工做出更有效的表现，并且在工作中实现自我价值。马斯洛（1971）将这个过程描述为实现自我的超越，是"最高的、最无所不包的意识层级、行为追求和存在关联,并非只是实现目的的途径,而是一个人对于自身、亲人、全人类、其他物种、大自然和整个宇宙的终极贡献"。这便要求一个人能够不局限于自身的成长,而是要服务于他人,为整个社会的福祉贡献力量。具体到领导者的角色上来说,便是要帮助他人成长。

很多领导者都能够意识到培养自己的团队所带来的利好,一支拥有出色技能的员工的团队,要比仅仅有优秀领导者的团队更为强大。不仅员工的技术非常重要,马斯洛还谈及了自我超越的"全面性",又一次强调了正念所扮演的领导角色。韦杰班达拉(Wijebandara,2016)曾将美国第六任总统约翰·昆西·亚当斯总结为"一位用自身的行动来启发别人持续追求、不断学习、有所作为、自强不息的领导人"。他还列举了一些最受自己在大学的学生所认可的领导特质,包括"正直、有远见、服众、变通、慷慨"。他更重点强调:要成为一位经得住时间考验的领导者,不能把自身意志强加给自己所领导的人,而是要激励他们不断学习、成长,最终成为和自己相当的人。这点也是正念的来源——佛教信仰的本质。

因此,在本书前面的章节所阐述的个人和工作相关的正念知识与练习的基础上,本章重点探讨如何利用正念练习创造积极的学习环境,促进个人和团队不断成长,并使自己成长为一位鼓舞人心、助人成长的优秀领导者。

如何利用自身成长启发团队

玛丽亚·冈萨雷斯(Maria Gonzales)在其著作《正念领导》(*Mindful Leadship*,2012)中强调了慈悲心对于一个领导者的重要性。帮助别人,不仅能够让得到帮助的人受益,还能够鼓舞见证此善举的人。她在书中否定了自我关照的"附加条款"（一个人必须要情感、心理、身体全部健康，才能去帮助别人），提议说慈悲心是"不必附带条件的高度关怀"，因此在不必深陷其中的情况下也可以提供支持。

再者，虽然你进步的目的是让自己更好地适应这个瞬息万变的世界［赖夏德（Reichard）和约翰逊（Johnson），2011］，但不要忘了，你会通过赢得团队成员的认可来成为他们成长的榜样。直接说来，就是通过开放的胸襟和高度的自我意识，你可以以自己过去不具备的方式为他人做出表率。

 练习10.1

思维实验

你曾掩饰过失败吗？你所掩饰的是什么样的失败经历？你从中学到了什么？或许你曾隐瞒过自己的考试分数，或许你曾对一段失败的恋爱经历讳莫如深。然而，如果将这些记忆封存起来，就永远不会从中吸取教训。既然有自己不愿提起的记忆，不如通过分享自己从中学到的教训来激励他人。

一个人从失败中吸取教训的能力，既能够给他人带来影响和鼓励，也可以为自己日后的成功做好准备。汉利（Hanley，2017）研究发现，正念可以增强我们战胜困难的信念（即使过去曾遭遇过失败）。他通过研究正念如何影响学生对失败的看法，发现学生们自我报告的正念（如开放、意识、冲动管理）越高，就越能够在成绩下滑后还继续对未来的学业表现保持信心。

不要摆烂

> 平庸者怎么可能打胜仗？
>
> ——弗雷迪·特兰佩（Freddie Trumper），音乐剧《棋王》（*Chess*）
>
> 主角

在音乐剧《棋王》的尾声，主人公弗雷迪·特兰佩激励他曾经的对手阿纳托利·谢尔吉夫斯基（Anatoly Sergievsky）要为了赢而下棋，不许认输。之所以如此说，并非有什么政治计算或浪漫想象，而是出于对这项比赛单纯的热爱和珍视，不忍心看到别人对比赛有任何不尊重。

出于某种隐密意图、讨好别人的想法甚至是慈悲心，你可能禁不住想要提前认输，故意放水。有人施展出"高超的低劣表现"［阿尔格里斯（Argryis），1986］，即一位高情商的领导者故意表现不佳，以防止别人发现自己的其他缺点。比如，一位领导者可能不知道该怎么解决自己在笔记中所列出的一个问题，便将笔记"深埋在抽屉里"直至忘掉，后来问题暴露，便谎称自己"全然忘掉这个问题了"——因为相对于"无能"，人们对"忘记"更为宽容。

还有为了让他人免于困难而逃避问题的，这种情况同样于人无益。过度地保护一个人，对受保护的人和自己都没有好处。应该直面困难，着手解决问题，同时提高自己的能力。

如何同时提升自己与团队

当你确信自己是一位不断提升自我的合格榜样时，也可以将自己的团队改造为持续学习型团队。耶加内（Yeganeh）和科尔布（Kolb）在2009年的研究表明，正念是在部门内培养周全考量和深思熟虑的习惯的最佳手段之一。如今很多部门在其发展进程中都采用科尔布学习周期模式，包括"具体经验—反思性观察—抽象概念化—积极实验"四个步骤。耶加内和科尔布还提议，一些很小的正念做法——包括深呼吸或是在电脑上设置时间提醒自己做事刻意用心，都不仅能提升头脑的学习效率，还能让自己在处理工作任务时更专注而用心。在培训中加入这些做法，可以让团队成员学到更多内容，最终有利于你的团队成员成长为独立的学习者。

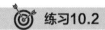 **练习10.2**

与时俱进的学习的小核验

◆ 如今我的团队可以学习和发展什么技能？
◆ 目前，人们对这些技能掌握得如何？
◆ 我怎么来鼓励团队成员独立学习？
◆ 我自己需要多大程度的独立学习？[1]

哈特（2018）建议，在如今强调独立学习与成长的职场中，招聘时不仅要考虑应聘者已有的其他软技能，更应该重点考察其"学习能力"。沙利文（Sullivan, 2015）提出了一系列测验应聘者的学习技能

1　如果不问这个问题，就像告诉一个孩子读书有益，却拒绝与他们分享自己所读的内容。因此一个领导人不仅要做出独立学习的表率，还应该为团队提供可学的内容。

的方法，包括：

◆ 问一个技术性问题来考察对方的知识水平，并让对方解释解决这个问题的过程。

◆ 请应聘者分享他们的学习目标和当前使用的学习资源。

◆ 问应聘者自己所独立学习过的内容。

既然你已将学习能力纳入了你的人才考量标准，就应该确保为培养这项能力提供足够支持，具体包含：

◆ 为团队成员专门规划出学习时间。

◆ 鼓励他们主动申请承担已有能力外的工作任务。

◆ 要求成员提供反馈。

◆ 重视学习，每周分享学习的内容。

◆ 通过让不同的团队成员在每周的会议上主持开展"行情报告"和"学习发展"环节，确保自己和团队对所在领域的前沿知识和技术有所掌握。

通过宽容表现突出的团队成员的"阴暗面"来促进成长

本书在前一节中已讨论了"脱轨因素"，因此本节不再赘述。然而，领导者应该对表现优异的团队成员的"阴暗面"多加留心，这些优秀成员可能是因为学习能力强而被你招纳进团队的。那些优秀的多面手，那些总是第一个跳出来承担责任的人，或是那些从不错过学习机会的人，可能常常也是容易考虑过多的人。在自我提升、做出决策和应对问题这些方面，能够进行周全而批判性的思考和缜密的分析都是有益的品质，但也有其消极的一面。优秀的员工如果不清楚该如何分配自己的精力，可能会在自己所不能掌控的事情上消耗太多精力。

如果你自己或你的团队成员有以下习惯，那你们可能就是容易考虑过多：

◆ 讨厌过于简短的回复。

◆ 总是要找到更多信息。

◆ 做事要面面俱到。

◆ 必须要问个为什么。

◆ 对事情无法轻松释怀。

[改编自麦吉本（McKibben），2018]

多虑的人因为擅长批判性分析和收集信息而成为职场中的佼佼者，他们还常听到很多褒扬，比如"真不知道你是怎么同时应付这么多任务的"，还有"你真是神通广大，无所不知"，因为考虑过多的好处确实是方方面面都有所了解，但很多知识与当下的问题并无任何关联。更糟糕的是，虽然现在人们可以相当便捷地获取信息，但当一位多虑者手上掌握的有关或无关的信息越来越多时，便会无从下手，陷入焦虑，忙忙碌碌却一事无成。

对于多虑者，重要的是要：

◆ 打破自己所陷入的考虑过多的怪圈。

◆ 学会鉴别自己能够直接影响的因素。

◆ 接受不测风云，认识到困境存在的客观性，并为其做好准备。

正念练习对以上都有帮助，而且不是只有冥想这一种练习方法有用（虽然本书所有的冥想练习任何时候都能派上用场）。

试试下面的练习：

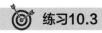 练习10.3

---

1. 当认识到自己已陷入考虑过多的怪圈时，停止思考

停止思考是一种认知行为疗法，要求在认识到自己陷入消极思维后，大声喊"停"或"不"（或其他字），来警醒自己。这个方法最好私下里做。

2. 接受不测风云，接受大麻烦

努力提升自己的身心健康，以便能应对不期而至的困境。好好吃饭，多运动，会见朋友，拥抱宠物，这些有利于提升长期幸福感的做法都值得提倡。

"此时此地"的可见的启发作用

一旦你不再心如乱麻，便可以停下来享受当下。在职业生涯中攻城略地却不停下来总结经验或享受战果，一样是不健康且无效益的，和沉溺于过去、局限于失误、一再陷入不好的经历却不采取行动克服它们一样。而当你专注于此时此地时，你便"更加淡定从容，能够管理情绪，将精力集中于如何拨云开雾，做出改变"〔施泰德勒（Steidle），2017〕。

而且，专注于当下还能让你全身心地应对当下的任务。

试试下面的练习：

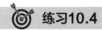 **练习10.4**

◆ 在开会时将手机静音，并将其放进桌子或袋子里（这样即使手机振动也打扰不到你）。
◆ 把会议地点设置在远离自己的工作电脑的地方，防止自己被电脑分心。
◆ 即便是要回答别人的简短问题，也不要停下当前的任务，而是要和提问者商定其他时间。
自己做好榜样后，你的团队可能也会效仿你。

以上这些做法，都给你的团队成员传递了一个信号，即"我在此，我很关心你们，我随时准备倾听，我所说的不仅有我的个人观点，还有我从你那儿观察来和听说的"［卡迪（Cuddy），2015］，这样会让大家对你心悦诚服。

作为领导者的你，对某些人来说总是在扮演着榜样的角色，所以你的一言一行要尽可能积极向上。在日常生活中利用正念练习，对你的个人生活和职业发展都大有好处。继续加油！

总　结

1. 领导者通过鼓舞他人来提升他人，而非颐指气使来赢取公信力。

2. 帮助团队成员的成长，是你实现"超越自我"的使命。超越自我，使你通过回馈他人，让自己的世界更为美好。

3. 作为领导者不懈地提升自我，便是为自己的团队树立了良好的榜样。

4. 若要促进团队成长，还可以创造一个集体学习的生态系统，为团队成员提供多种独立学习的机会。

5. 在招聘中重视应聘者的学习能力，但对各项能力的"阴暗面"也要多加留心。

6. 作为领导者，让自己专注于"此时此地"，不但可以提升自己的工作表现，还可以让自己和团队成员的关系更加和谐。

正念工具包

◆ 最有影响力、最鼓舞人心的领导人会鼓励别人"有所作为，自强不息"［约翰·昆西·亚当斯（John Quincy Adams）］。

◆ 领导者最受关注的品质和人际关系相关，凭借这些品质，领导者激励团队成员和自己一样出色。

◆ 要能够在领导者岗位上持久做下去，要不断地启发激励下属，而非霸道独裁。

要 点

1. 任何时候都不要忘记自己在领导者的岗位上对他人是个榜样。

2. 时常通过不断地提升自己来做好示范，还可以把自己的所学教授于人。

3. 通过在招聘、工作程序和培训方面的改进，努力让部门提升为善于反思总结、灵活应变、不断成长的学习型部门。

行动

1. 通过练习日常积极暗示，鼓舞自己不断成长

"我要不断地成长进步。

"我要发挥出最大的潜能。

"我要成为最好的自己。"

通过下面的练习，提醒自己作为领导者，总是在鼓舞和启发着他人（虽然自己可能有时意识不到）：

◆ 看看镜子中的自己。

◆ 想出自己可能启发别人的三种方式（可以是实际行动中的、身体形象上的、智力和学识上的或其他任何方面的）。

2. 鼓励自己的团队也做同样的练习

告诉他们，当他们能够悦纳自己时，他们也在启发着别人。

润物无声的团队"圣诞老人"：

◆ 将团队每个成员的名字各写在一个小字条上，将字条放进帽子里。

◆ 从帽子里抽取一个字条，看是谁的名字。

◆ 写下或说出这个人对你有什么积极影响。

通过这个小游戏，大家可能认识到自己未曾知道的优秀品质。

3. 挑战自我——每天做一项下列活动

◆ 做一件善事。

◆ 真心诚意并言之有据地祝贺别人所取得的成功（这个人可以是同事，也可以是在生活中认识的其他人）。

◆ 依照对方喜欢的方式（不要依照只是自己喜欢的方式），向自己关心的人表达爱或关注（爱的"五种语言"：礼物、时间、赞赏、亲密、照顾）。

我所尝试的活动

日期	活动名称

有效果的活动

日期	活动名称

第11节

工作与生活的平衡

开放式问题

◆ 你对"工作-生活平衡"这个概念是怎么理解的？

◆ 如果你能维持工作与生活之间的平衡，会是怎样的状态？

◆ 在工作和生活之间，你过去曾过于偏重哪一个？

工作-生活平衡的定义

取得工作与生活之间的平衡，对现代人来说无疑是最艰巨的任务之一。

——史蒂芬·柯维（Stephen R. Covey），2007

艾伦（Allen）和帕多克（Paddock，2015）将工作-生活平衡定义为"以高度的精力和心思来经营自己所扮演的所有角色（父母、兄弟姐妹、领导者、建筑师等）的能力"。然而，通常人们认为超长的工作时间便是"不平衡"，而花时间陪伴孩子便是"很平衡"。当你会说"艾伦和帕多克说得很对，当然工作-生活平衡便是多花时间陪伴家人"时，你会觉得我在此用"然而"这个词看起来很随意。

而要实现工作-生活平衡，真正的挑战在于，你必须要认识到，真正的"平衡"和"平等"并不存在，你总是要在二者中选择其一。只是当二者之间孰轻孰重非常明显时，你才能比较容易做出明智的决定。另一个挑战是，你必须在一星期，甚至一天之内多次做出选择。

希尔（Hill，2016）依据多个TED演讲，总结出人们对于工作-生活平衡所持的三种错误观念：

◆ 平衡意味着平等［斯图·弗里德曼（Stew Friedman）］。并非如此，为了维持令自己满意的平衡，需要不断地在各个方面做出选择和调整。

◆ 平衡是可以获得的［丹·瑟曼（Dan Thurman）］。错，我们时时刻刻处在变化之中。

◆ 鱼和熊掌可以兼得［吉姆·伯德（Jim Bird）］。错，你每天只能让自己在各项任务间努力维持平衡，尽量面面俱到。

通过正念练习，你可以认识到各项任务的轻重缓急，让自己随时留意情况的变化，以至于尽可能照顾好生活和工作中的方方面面，从其中尽可能多地获得成就感。如果"平衡"是无稽之谈，那正念至少能帮助你提升成就感。

认识各项任务的重要性

试试下面的练习：

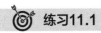 **练习11.1**

1. 写下自己人生中最重要的三件事：

◆ _____
◆ _____
◆ _____

2. 再写下自己每天所做的事。
3. 问一下自己：我有没有在最重要的三件事上面花最多时间？如果有，很好，继续。如果没有，写下自己可以如何改变。
4. 遵照执行。

一旦认识到自己所应重点考虑的任务，我们便能够在生活中获得更多成就感。请注意，我们并没有用"快乐"这个词，因为人们常常抱有的另一个错误观念是：一旦你实现了一个目标，或者一旦你终于有时间来做令自己享受的事情时，你便会很"快乐"——虽然这样做可能是得到"快乐"的一种途径，但快乐是一种状态而不是目标。目标是要通过努力来实现的，而状态只要寻找便可以获得。如果你想让自己快乐，现在就可以（看一张令自己开心的人或物的照片或一段搞笑的视频，拥抱一只宠物，甚至把一根手指横放在上下牙齿之间，反正大脑又不能识别是真笑还是假笑）——你还在等什么？

时间有限，合理分配

试试下面的练习（改编自史蒂芬·柯维的"四种实现自由和提升效率的训练方法"）：

练习11.2

---

1. 在自己所有的任务中，对今天来说最重要的目标是：

◆ _____

2. 为了实现这些目标，你要采取什么"可控措施"？柯维将可控措施定义为百分之八十或更高比例的结果在可控范围内的做法。

◆ _____
◆ _____
◆ _____

3. 在当天结束时回顾结果——自己有没有实现当天最重要的目标？

本练习的关键在于，不仅要做出行动，并且每天都要注意为了实现目标，自己所能做的措施有什么。平衡各项任务的重点是合理分配时间。如果你能够有针对性地分配时间，便会更加高效。

全神贯注于当下的选择

很多人出错在搅拌这一步上，搅拌不足会让蛋糕看起来粗糙而没有清晰纹理，过度搅拌则会搅成一锅粥的样子。

　　　　——达娜·韦尔登（Dana Velden），《如何制作大理石蛋糕》（*How to Make a Marble Cake*），2013

　　维持工作–生活平衡就像制作大理石蛋糕一样，你要搅成自己想要的程度，让不同材料混合，但不能搅乱，并且每个人都有自己所偏好的搅拌方法。然而，大多数蛋糕师都认为，在制作大理石蛋糕时，首先要分开制作两种口味的材料，做好这一步，便是好的开始。

　　一个人要首先明白自己想从工作中获得什么，想从家庭生活中获得什么，然后依次掂量各项职责的重要性。虽然鱼和熊掌不可兼得，但如果自己足够明智的话，当然可以在两者之中都尽可能多地获得成就感（读者可以回顾第9节有关"认识自己的不足"的内容）。

　　试试下面的练习：

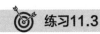 练习11.3

活在当下（不要为了将来的成就而牺牲当下的体验）

无论自己现在正在做什么，都让自己全身心投入。比如，专心致志地读这一节，不要让邮件、信息、电话打扰到自己，全神贯注于本章所传达的信息，享受心无旁骛的感觉。

在自己的下一项任务中也做到这点。

科普（Cope）和惠特克（Whittaker）于2012年提出以下方法：

四分钟专注法

在四分钟之内，全神贯注于自己当下所做的事，比如，先告诉自己"我是天下最好的妈妈/爸爸"，"我是全世界最好的健美操学员"，然后全身心投入这唯一一项任务中来。科普和惠特克认为，在经历过第一个四分钟之后，专心投入自己所做的任务中会变得更容易，你会从中获得更多愉悦感——即便是你最初并不特别想做这件事（比如上健美操课）。这还意味着，在过去四分钟中，你的注意力完全集中，在全力以赴地做事。最后，再次提醒大家享受专注的感觉，回味自己的收获。

休息片刻，回味成功

> 诸法意先导，意主意造作。若以染污意，或语或行业，是则苦随
> 彼……若以清净意，或语或行业，是则乐随彼，如影不离形。
>
> ——《法句经》

当一个人心绪平静、专注、清醒时，其所作所为便会对成功更为有利。与其让自己忙个不停，不如停一下享受当下。

试试下面的练习：

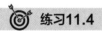 练习11.4

践行感恩

感恩不只是对别人说"谢谢"那么简单，而且要体悟自己向他人道谢的缘由。按照正念的说法，感恩是为了提醒自己，别人对于自己的成功也有所贡献，自己是一个能够影响到宽广的人际脉络中的一分子。

1. 感恩日记

养成定期（每天、每周、每月）写自己因之感恩的三件事的习惯，并且一定要写下自己为什么对此心存感恩。

比如：

我非常感谢：

是因为：

----

2. 感谢信

当马丁·塞利格曼（Martin Seligman）在20世纪80年代成为美国心理协会会长时，他曾大力提倡发展正向心理学这一领域。正向心理学主要研究幸福、韧性和超常发挥这些话题。他所设计的内容之一便是"感谢信"：

◆ 想出一个帮助过自己的人。

◆ 向此人致信，表明为何感谢。

◆ 如果可以的话，亲自送信。

若你亲自送信，或许能促使一场美好的友谊产生。

即便你并不太会花时间拜会老友，也可以让自己偶尔停下来，反思一下自己现在所做的事，今后努力做出更为主动的选择，让自己更加强大而有动力。

在你的部门中，可以考虑以下做法：

◆ 设立"感谢墙"，让部门员工在其上写出自己所感恩的人或事。

◆ 不再只是发邮件，而是当面向他人表达感谢。

◆ 向默默无闻做出贡献的人（比如楼管人员、更换厕纸的人、邮递员）致谢。

请记住，虽然公司提供的支持、发展机会、职业的进展均为你和团队所获得的成功与赞誉奠定了基础，但这些只是部分有利因素。正念练习让你做出更明智的决定（第2节），有助于提升你在工作中的创造力和创新力（第3节），提升你与团队成员之间的默契（第4节），帮你缓解工作上的压力，进而提升家庭生活的品质（因为工作上的压力不会被带回家里来），包括改善睡眠、主动进行自我关照（第7到9节），让自己头脑清醒，充满活力，这样反过来又有利于自己在职场上的表现。在部门内部引入正念练习，不仅可以为员工带来以上利好，还能让他们更长久地保持良好的工作状态。

本节开头所引用的艾伦和帕多克（2015）的研究，还具体列出了正念具有以下作用：

◆ 将干扰最小化，让自己能够更专注地做好手头的事。

◆ 管控情绪，减少人际和职场上的矛盾。

◆ 优化精力配置，帮助自己更合理高效地利用时间和精力。

◆ 改善时间观念，在工作中从容不迫。

以上这些作用不仅有助于维持工作–生活平衡，还能够提升工作和生活的质量。

现在读者已经清楚地认识到，正念练习远不只是冥想，比如本节就一个冥想练习都没有。本书中所有的练习方法都能够让读者思路更加清晰，更为专注，慈悲心更强，更有方向感，这些好处都有助于提升你的日常表现——助你缓解压力、提升睡眠、心情舒畅，进而使工作和生活中的人际关系更和谐，处理事务时更高效。最终，你在工作和生活中的满足感得以提升。而通过正念练习所获得的高度的感知力，还能助你在工作和生活失衡时及时发现问题并矫正。

总　结

1. 维持工作-生活平衡，便是要认识到自己所应优先处理的各项事务，并依其重要程度分配精力，从而在工作和生活中取得更多的成就感。

2. "平衡"是个动态的概念，你要根据生活和需求的变化不断地做出调整，以维持这个动态的平衡。

3. 人的时间和精力有限，要合理有效地分配。建议确定自己的"可控措施"，并执行这些措施。

4. 一旦做出选择，就全力以赴。练习"四分钟专注法"。

5. 时常暂停一下，回味自己的成果，为自己的所有而表达感恩。还能利用这段时间反思自己是否在努力地坚持自己的初心。

正念工具包

◆ 要取得工作和生活之间的平衡，首先要确切地认识所谓的工作–生活平衡到底是什么样的平衡，应该是用不断改变它们的优先顺序来得到满足。

◆ 当看起来一切运作良好时，也不要忘记保持警惕，时刻准备做出调整，以防过度偏离自己所追求的平衡状态。

要　点

1. 时刻留意自己人生中的事务，根据其重要程度做出各种选择和决定。

2. 时常按下"暂停键"，给自己片刻时光回味成功，反思不足，重整旗鼓再出发。

3. 体验冥想、放松和表达感恩等正念方法，提升工作与生活的质量。

行动

1．在实现自己的长期目标的过程中使用柯维的训练方法。

◆ 确定自己在本月或本年度中最重要的三个目标。

（a）...

（b）...

（c）...

◆ 思考自己可以采取什么"可控措施"来实现这些目标。

  ◆ ....

  ◆ ....

  ◆ ....

◆ 在本月或本年度结束时，看自己是否已经实现了目标。

2．观察自己的工作和生活是否失衡了。若是，思考哪里出了问题。

◆ ....

◆ ....

◆ ....

◆ ....

◆ ....

3．如果可以的话，在自己的日程中加入"停工时间"。在假期、夜晚和周末时，通过设定"暂时不在岗"电子邮件和电话语音自动回复，让自己暂时从工作中脱离出来。

4．如果有不可避免的工作任务很耗费精力（比如远距离通勤），想方设法使之更令人愉悦，比如下载播客来听，并提醒自己这也是属于自己的宝贵时光。

我所尝试的活动

日期	活动名称

有效果的活动

日期	活动名称

若有必要，可单独使用一张纸。

第12节

后记：超越正念

开放式问题

◆ 在目前的日常工作与生活中，你使用过哪些正念练习方法？（花时间思考一下这些方法对自己在工作和生活中的表现有何帮助。）

◆ 你有没有给别人推荐过这些正念练习方法？

◆ 现在，你打算如何进一步提升自己的正念？

扩展自己的所学

成为领袖和成为自己一样，看起来毫不费力，做起来却难似登天。

——沃伦·加梅利尔·本尼斯（Warren Gamaliel Bennis），2014

学习通过正念练习来提升自己的表现不同于学习其他技能，本书所提供的练习方法，能够提升你的表现，每当有需要时，你便可以做这些练习，而不必担心因为许久不练便忘掉。比如，若你很享受冥想的过程，中止一段时间后，你会自动有若有所失的感觉。各种方法的功效并不相同，如果一种方法现在用处不大，不代表将来派不上用场。正念练习整体上是一种有助于提升自我的投资。

相对于自己已有的财富来说，你所学的一切技能，你所做出的所有调整和改变，都是自己的额外收获。将自己的新技能与已有的知识融会贯通，就像和团队或其他组织精诚合作一样，都有助于你的表现更上一层楼。正念不会否定你已有的知识，而是一种有益的补充，使你能够更好地认知、珍视和利用自己的知识。

具体来讲，正念练习对情感机敏的领导者来说如虎添翼。这些领导者本就擅长支持和鼓励别人，让别人乐意尽其所能，正念练习则会促使这些领导者花心思关照自我，为自己补充能量，不至于被诸多艰巨的任务弄得心力交瘁。在上一节中我们就说过，正念的目的不只是提升表现，还有自我保护（反过来也有助于提升表现和延长工作寿命）。

正如本书开头所说，正念能够培养宽大的胸怀，提升对自我和他人的感知，进而激发善心和慈悲心，这两种品质对于当今的领导者，尤其是追求超越自我的领导者尤为重要（马斯洛，1971）。读者可能和社会学家伍思诺（Wuthnow，1995）一样已经注意到，能够最强烈地表达真诚的善心的常常是孩子，但由于害怕看起来弱势（担心善意是弱势的表现也许确有其据），他们在成长过程中会压抑自己行善的欲望。然而，善心和慈悲心会为工作带来巨大的利好，虽然二者也有其"阴暗面"，需要一些引导，并且，积极行善的人可能会力不从心，需要得到支持（赖利，2010）。

本书中的一些观点可能会给你带来启迪，其中的练习可能给你带来帮助，其中所指引的方向可能正好满足你的需求，也可能有的内容用处不大，但这不是问题——鉴别对自己有用和没用的内容，也是（高效的）正念练习的一部分。而且，正念练习只是能够帮助你过好生活、做好工作、实现人生追求的途径之一。

未来计划

如果本书中的练习方法对你有益，就请继续使用，并不妨尝试书中各种练习及网上或其他平台上的练习资源。最重要的是，要找到自己所享受的练习方法，而非限定于特定的冥想方法。

读者还可以阅读其他有关正念的内容，下载相关的手机App（应用程序），甚至可以考虑教授正念——不过，在此提醒读者，正念和大多数全身心心理练习方法一样，其训练项目缺少正式的管理制度。

还有的读者可能更适合非正念方法。源于丹麦的"呼伽"（Hygge，挪威语，意指"幸福感"），提倡能够带来"温馨的感觉，与所爱的人共享生活的美好"（Visit Denmark网站，2018）。然而要提醒读者的是，丹麦人的生活方式是和其优良的政策支持、洁净优美的环境，以及完善的社会保障密不可分的（经济合作与发展组织，2017）。虽然每周平均需要工作49小时，但丹麦人大多更重视各自的家庭生活（格雷，2017）。

除此之外，读者还可以选择学习瑜伽或深入地了解佛教，不妨在网上搜寻一下当地相关的培训班，还可以遇到志同道合的人，互相分享各自的经验。

作为领导者，要在生活和工作中获得尽可能多的成就感，需要有适合自己的独特之道。如果因为有足够的能力，积累了足够多的经验，便选择忽视正念练习，它虽然不会影响到自己短期内的表现，但会让自己与正念能带来的诸多利好失之交臂，还可能致使自己无法为未来的人生之路上要经历的挫折做好准备。

大家可以去选择适合自己的练习方法，但请务必确保这个选择是积极而主动的。

总 结

1. 正念练习的目的是巩固自己已有的表现。

2. 选择适合自己的方法。如果一种方法一时不起作用，可以暂时放在一旁，未来有需求时再做尝试。

3. 慈悲心对领导者来说是一个长处，但一定要用之有道，不要因为对别人过度照顾而让自己精疲力竭。

4. 读者可以通过阅读其他内容，来加深自己对正念的认知，还可以尝试瑜伽、呼伽和佛学等。只需记住，本书中的内容，随时可供你使用。

正念工具包

◆ 凡是有利于提升感知力，助你在放松的心态中主动地（而非出于习惯）提升自我、激励自己表现慈悲心的活动，都可以归为正念练习。

◆ 如果一项练习对自己有用，给自己带来幸福感，就坚持下去。若非如此，那就寻找其他有益的练习。

要　点

1. 时时刻刻将正念融入自己的生活中来，包括让自己休息片刻、稍做反思或需要更多时间的方法。

2. 读者可以时常读一些自己感兴趣的正念读物，扩展自己的练习方法。

3. 不要忘记对自己施以慈悲，可以用言语自我鼓励，也可以练习自我关照——正念练习就是为了提升自己的日常生活和工作的质量。

行动

1. 以下10种实用佛教教义改编自金薛志（Seet Chee Kim）老师（金薛志是作者的祖父，他曾在马来西亚的马六甲州的青年社、佛法学校和佛教协会教授实用佛教教义）的日常佛教练习，请尝试思考它们。

请务必思考这些练习对你自身的意义，因为"学而不思是废功"（金薛志，1961）。

（1）正如一支蜡烛的光芒也可以驱散室内的黑暗，一个人所释放的光芒也可以驱散多人心中的黑暗。你可以用自己的知识照亮众人的路。

（2）通过掌控自己的行动，我便是时下自己的主人，这时的我便更接近真我。切记自己的选择权和行动权掌握在自己手中。

（3）一个人的成长速度或许不尽如你所期待，你对他人的预期也常会增加，要怀着宽容的心态，通过自身的榜样作用来引导他人，切莫咄咄逼人。

（4）无须向别人证明自己的人生一定是正确的选择，只要自己相信即可，并且适合自己的道路未必适合别人。避免在未经请求的情况下向别人提供建议。

（5）徒知而不行无益，知行需合一。如果你也赞同这句话，那就将其付诸实践。

（6）作为领导人，不要只重视智慧、能力和品格，还要关注自己待人接物的方式，向擅长与人为善者学习。在招聘时，不要忽视一个人在职场中与人相处的能力和为人处世的价值观。

（7）教育的真正良方是助人提出质疑。要以批判性态度看待事物，包括自己的认知。

（8）品格和坚持比聪慧更能决定一个人的人生，知之不如付诸行动。

（9）切不可做令自己羞耻的事。让自己的观念成为唯一能够主导自己行为的观念。

（10）实事求是，自己做错事可以悔过，但不可以欺瞒。做诚实的人，让自己无怨无悔。

2. 写下可以扩展自己的正念练习的本地学习小组、网站或书籍的名字。

....

....

....

我所尝试的活动

日期	活动名称

有效果的活动

日期	活动名称

若有必要，可单独使用一张纸。

参考文献

前言

Barnett, E. (2015) 'Mindfulness: The saddest trend of 2015', *The Telegraph*, http://www.telegraph.co.uk/women/womens-life/11331034/Mindfulness-the-saddest-trend-of-2015.html. Accessed 25 July 2017.

Bodhi, B. (2013) *What does mindfulness really mean? A canonical perspective* cited in Williams, M.G. and Kabat-Zinn, J.(2013) *Mindfulness: Diverse Perspectives on Its Meaning, Origins and Applications*, Routledge.

Confino, J. (2014) 'Google's head of mindfulness: "goodness is good for business"', *The Guardian*, http://www.theguardian.com/sustainable-business/google-meditation-mindfulness-technology. Accessed 15 January 2018.

Gelles, D. (2012) 'The mind business', *Financial Times* http://www.ft.com/cms/s/2/d9cb7940-ebea-11e1-985a-00144feab49a.html#axzz2ApW2UUXh. Accessed 15 January 2018.

Gelles, D. (2015) 'At Aetna, a C.E.O.'s Management by Mantra', *The New York Times*, http://www.nytimes.com/2015/03/01/business/at-aetna-a-ceos-management-by-mantra.html?_r=0. Accessed 15 January 2018.

Intel Newsroom (2013) *'Better Engineering through Meditation?'*, https://newsroom.intel.com/editorials/better-engineering-through-meditation-mindfulness/. Accessed 4 July 2018.

Note to Self Podcast (2018) 'Dan Harris Knows All Your Excuses for Not Meditating' https://www.wnyc.org/story/dan-harris-meditation-skeptics. Accessed 12 January 2018.

Whippman, R. (2016) *America the Anxious: How Our Pursuit of Happiness Is Creating a Nation of Nervous Wrecks,* St Martin's Press.

Williams, R. (2016) *How Mindful Leaders Can Transform Organisations,* www.psychologytoday.com. Accessed 26 December 2017.

第 1 节

Burchard, B. (2017) *High Performance Habits: How Extraordinary People Become That Way,* Hay House Inc.

Davidson, R.J. and Lutz, A. (2008), 'Buddha's Brain: Neuroplasticity and Meditation', *IEEE Signal Process Magazine,*1 January; 25 (1):174–76.

Fort Garry Women's Resource Centre, California (2018), 'Self-care for women: fact sheet', http://www.fgwrc.ca/uploads/ck/files/Resources/Factsheets/FactSheetSelfCare.pdf. Accessed 15 January 2018.

Goleman, D. (2017) 'Here's What Mindfulness Is (and Isn't) Good for', *Harvard Business Review,* https://hbr.org/2017/09/heres-what-mindfulness-is-and-isnt-good-for. Accessed 9 October 2017.

Ling, N.E. and Chin, G.H. (2012) 'Mindfulness and Leadership', http://www.vizenllc.com/wp-content/uploads/2015/07/MindfulnessAndLeadership.pdf. Accessed 9 October 2017.

MacKinnon, M. (2016) 'The Science of Slow Deep Breathing', *Psychology Today,* https://www.psychologytoday.com/blog/neuraptitude/201602/the-science-slow-deep-breathing. Accessed 5 January 2018.

MAHLE Powertrain (2017) Open Lecture, 17 July 2017.

Maslow, A. H. (1970) *Religions, Values, and Peak Experiences.* New York: Penguin (Original work published 1964).

Michel, A., Borsch, C. and Rexroth, M. (2014) 'Mindfulness as a cognitive-emotional segmentation strategy: An intervention promoting work–life balance', *Occupational and Organisational Psychology,* Volume 87, Issue 4, 733–54.

Mindfulnet.org (2017) Home Page http://mindfulnet.org/. Accessed 5 September 2017.

Mudd, P.A. (2015) *Uncovering Mindfulness: In Search of a Life More Meaningful,* Kindle Edition, Amazon, Bookboon.com.

Pidgeon, A.M. and Keye, M.D. (2014) 'Relationship between Resilience, Mindfulness, and Psychological Well-being in University Students', *International Journal of Liberal Arts and Social Science,* 2(5), 27–32.

Shanafelt, T.D., Boone, S., and Tan, L. (2012) 'Burnout and satisfaction within work–life balance in US physicians relative to the general US population', Arch Intern Med. 172(18):1377–85.

Su, A.J. (2017) '6 Ways to Weave Self-Care into your Work Day', *Harvard Business Review,* https://hbr.org/2017/06/6-ways-to-weave-self-care-into-your-workday. Accessed 12 December 2017.

Trisgolio, A. (2017) , 'Mindfulness and Leadership', vizenllc .com, http://vizenllc.com/research/mindfulness/Trisoglio_Mindful_Leadership_Mobius.pdf. Accessed 9 October 2017.

Williams, R. (2016) *How Mindful Leaders Can Transform Organisations,* www.psychologytoday.com. Accessed 26 December 2017.

第 2 节

Aronson, E. (2017) 'Not By Chance Alone', The Psychology Podcast, November. Accessed 3 January 2018.

Carmichael, A. (2017) 'The Drunken Man', lecture notes, PMI Conference, July, Athens.

Chang, L. (2012) '5 Steps of Effective & Mindful Problem Solving', Mindfulness Muse, https://www.mindfulnessmuse.

com/cognitive-behavioral-therapy/5-steps-of-effective-mindful-problem-solving. Accessed 16 January 2018.

Hafenbrack, A.C., Kinias, Z. and Barsade, S.G. (2013) 'Debiasing the Mind Through Meditation: Mindfulness and the Sunk-Cost Bias' SAGE Journals, http://journals.sagepub.com/doi/abs/10.1177/0956797613503853. Accessed 16 January 2018.

Haidt, J. (2006) *The Happiness Hypothesis,* Arrow.

Insead Knowledge (2014) 'How Mindfulness Improves Decision-Making', Forbes, https://www.forbes.com/sites/insead/2014/08/05/how-mindfulness-improves-decision-making/#76c8f47d728b. Accessed 7 January 2018.

Jazaieri, H. (2014) 'Can Mindfulness Improve Decision Making?' https://www.mindful.org/can-mindfulness-improve-decision-making/. Accessed 16 January 2018.

Ostafin *et al.* (2012) cited in Jazaieri, H. (2014) 'Can Mindfulness Improve Decision Making?' https://www.mindful.org/can-mindfulness-improve-decision-making/. Accessed 16 January 2018.

Papert, S. (1997) In Interview, SFGATE, http://www.sfgate.com/news/article/SUNDAY-INTERVIEW-Seymour-Papert-Computers-In-2856685.php. Accessed 2 February 2018.

Powell, C. (2011) '10 Lessons in Leadership', http://www.au.af.mil/au/afri/aspj/apjinternational/apj-s/2011/2011-4/2011_4_02_powell_s_eng.pdf. Accessed 4 July 2018.

Reb, J., Narayanan, J. and Chaturvedi, S. (2014) 'Leading Mindfully: Two Studies of the Influence of Supervisor Trait Mindfulness on Employee Well-being and Performance', Singapore Management University, https://ink.library.smu.edu.sg/cgi/viewcontent.cgi?article=4319&context=lkcsb_research. Accessed 16 January 2018.

Soonevelt, J. (2017) 'Storytelling to assist decision making', lecture notes, PMI Conference, July, Athens.

Whitbred, S. and Greene, N. (2017) 'Byron's Babbles', blog, https://byronernest.blog/2017/04/04/decision-making-vs-problem-solving-and-why-the-difference-matters/. Accessed 16 January 2018.

第 3 节

Barak, S. (2016) 'Faces of Innovation: A Personal Perspective on Mindfulness in our Workplace' http://www.ntti3.com/faces-innovation-workplace-mindfulness/. Accessed 31 January 2018.

Beardsley, A .(2016) NLP Practitioner Course, Lecture Notes, Excellence Assured, https://excellenceassured.com/. (Course taken, July 2016).

Goh, C. (2016) 'How to Apply Mindfulness to the Creative Process', https://www.mindful.org/apply-mindfulness-creative-process/. Accessed 31 January 2018.

Latino, B. (2013) 'Improving Reliability with Root Cause Analysis' https://www.psqh.com/analysis/improving-reliability-with-root-cause-analysis/. Accessed 7 January 2018.

Marshall, D. (2013) 'There's a Critical Difference Between Creativity and Innovation', http://www.businessinsider.com/difference-between-creativity-and-innovation-2013-4?IR=T. Accessed 31 January 2018.

Pfannkuch, K. (2015) 'The Psychological Reasons People Don't Share Their Ideas', Kapost Blog, https://marketeer.kapost.com/why-people-dont-share-ideas/. Accessed 31 January 2018.

Picasso, P. (2013) cited in Penn State Blog, 'Every child is an artist. The problem is how to remain an artist once he grows up', Can I Quote You on That? http://sites.psu.edu/frupertpassion/2013/10/30/every-child-is-an-artist-the-problem-is-how-to-remain-an-artist-once-he-grows-up-pablo-picasso/. Accessed 31 July 2018.

Radjou, N., Prabhu, J., Ahuja, S. and Roberts, K. (2012) *Jugaad Innovation: Think Frugal, Be Flexible, Generate Breakthrough,* John Wiley and Sons.

Schiermeyer, E. cited in Goguen-Hughes, L (2011) 'Mindfulness and Innovation', https://www.mindful.org/mindfulness-and-innovation/. Accessed 6 January 2018.

Schootstra, E., Deichmann, D. and Dolgova, E. (2017) cited in Muir, M. (2017) 'How 10 Minutes of Mindfulness can make Employees more Creative' https://scotlandb2b.co.uk/2018/01/07/how-10-minutes-of-mindfulness-can-make-employees-more-creative/. Accessed 31 January 2018.

Schultz, R. (2014) '6 steps to boost innovation through mindfulness', GreenBiz, https://www.greenbiz.com/blog/2014/04/14/six-steps-truly-open-collaboration-through-mindfulness. Accessed 14 January 2018.

Shallard, P. (2017) 'Wealth, Freedom, Sanity', The Shrink for Entrepreneurs, http://www.petershallard.com/. Accessed 31 January 2018.

Timms, P. (2018) Keynote Speech, Learning and Development Conference, Athens, 30 January. Attended 30 January 2018.

Tournier, I. and Ferring, D. (2017) 'How the Mindfulness Concept Could Benefit the Caregiving of Older Adults', *Innovation in Aging,* (1)(1) 164–165, https://doi.org/10.1093/geroni/igx004.642. Accessed 15 January 2018.

Weick, K.E. and Sutcliffe, K.M. (2007) *Managing the Unexpected,* John Wiley and Sons.

Wiseman, R. (2004) *Did You Spot the Gorilla? How to Recognise the Hidden Opportunities in Your Life.* Arrow.

音乐

'Ladies and Gentlemen We are Floating in Space', 1997, Spiritualised from the album *We Are Floating in Space.*

Pachelbel's Canon in D, 1680, Johann Pachelbel.

'We Dance On', 2010, N-Dubz ft. Bodyrox from the album *Love Live Life*.

第 4 节

Berkrot, B. (2016) 'Biden announces US project to promote cancer data, Reuters, https://www.reuters.com/article/us-health-cancer-genome-idUSKCN0YS1UN. Accessed 4 July 2018.

Bunting, M. (2016) 'How mindfulness can prevent your team from falling apart', *Inside HR,* https://www.insidehr.com.au/how-mindfulness-can-prevent-your-team-from-falling-apart/. Accessed 4 July 2018.

Excellence Assured (2017) NLP training course, lecture notes from the NLP Practitioner Training Course. Course completed June 2017.

Gordon, R., Milano, B., Chotaliya, C. and Carr, H.L. (2018) *The Collaboration Cycle,* Mindfulness in Leadership Programme, Brunel University with CLICK Training, January.

Greenberg, M. (2016) 'Can Mindfulness Make Your Relationship Happier?' *Psychology Today,* https://www.psychologytoday.com/blog/the-mindful-self-express/201606/can-mindfulness-make-your-relationship-happier. Accessed 6 February 2018.

King, R. (1992) Cell phone recording from the Los Angeles Riots, 1 May, https://www.youtube.com/watch?v=1sONfxPCTU0. Accessed 6 February 2018.

Lencioni, P. (2002) *The Five Dysfunctions of a Team,* Josey-Bass.

Mindfulness Works (2017), About Our Workplace Courses, MindfulnessWorks.com, https://mindfulnessworks.com/aboutourworkplacecourses.php. Accessed 28 August 2018.
Ohno, T (1988) *Toyota Production System – beyond large-scale production,* Productivity Press.

Panes, A. (2014) *Why Swarm Organisations are the Future,* Capgemini.com, https://www.capgemini.com/2014/11/ why-swarm-organisations-are-the-future/. Accessed 6 February 2018.

Takeuchi, H. and Nonaka, I. (1986) 'The new new product development game', *Harvard Business Review,* January–February.

Timms, P. (2018) Learning & Development Conference, Athens, January.

第 5 节

David, S. (2016) *Emotional Agility: Get Unstuck, Embrace Change and Thrive in Work and Life,* Penguin.

Excellence Assured (2017) NLP training course, lecture notes from the NLP Practitioner Training Course (Course completed June 2017).

Freud, A. (1937) *The Ego and the Mechanisms of Defence,* London: Hogarth Press and Institute of Psycho-Analysis. (Revised edition: 1966 USA, 1968 UK.)

Green, K.R. (2013) 'The Social Media Effect: Are You Really Who You Portray Online?', https://www.huffingtonpost.com/ r-kay-green/the-social-media-effect-a_b_3721029.html. Accessed 4 March 2018.

Hochschild, A.R. (1983) *The Managed Heart,* Berkeley University of California Press.

NLP World (2018) NLP Training – META Model https://www .nlpworld.co.uk/nlp-training-meta-model/. Accessed 4 March 2018.

Yacobi, B.G. (2012) 'The Limits of Authenticity', *Philosophy Now,* https://philosophynow.org/issues/92/The_Limits_of_ Authenticity. Accessed 4 July 2018.

第 6 节

Becker, M.W., Alzahabi, R. and Hopwood, C.J. (2012) 'Media Multitasking is Associated with Symptoms of Depression and Social Anxiety', *Cyberpsychology, Behaviour and Social Networking,* Vol. 16(2).

Dottie, C. (2017) '6 reasons leaders need to raise their social media game, *Silicone Republic* https://www.siliconrepublic.com/advice/leaders-social-media-tips-hays. Accessed 27 March 2018.

Kanter, R.M. (2005) 'How Leaders Gain (and Lose) Confidence', *Leader to Leader,* 35 (21–27).

Karpman, B. (1967, 2007) The New Drama Triangles USATAA/ITAA, Conference lecture, 11 August 2007, free download worksheet for the DVD, https://karpmandramatriangle.com/pdf/thenewdramatriangles.pdf. Accessed 27 March 2018.

Levin, M. (2016) 'How to Avoid the Three Most Dangerous Roles in Leadership (and Life)', www.inc.com https://www.inc.com/marissa-levin/the-three-most-dangerous-roles-in-life-and-leadership-and-how-to-avoid-them.html. Accessed 4 July 2018.

Meshanko, P. (2013) *The Respect Effect: Using the Science of Neuroleadership to Inspire a More Loyal and Productive Workplace,* McGraw-Hill Education.

Riley, P. (2010) *Attachment theory and the student-teacher relationship,* London: Routledge.

Shakespeare, W. (1602) *Hamlet, Prince of Denmark,* Full text: http://shakespeare.mit.edu/hamlet/full.html. Accessed 28 March 2018.

Shakespeare, W. (1603) *Measure for Measure,* Full text: http://shakespeare.mit.edu/measure/full.html. Accessed 28 March 2018.

Smith, S.A. (2014) 'Mindfulness-based stress reduction: an intervention to enhance the effectiveness of nurses coping with work-related stress', *International Journal of Nursing Knowledge*, June 25(2):119–30.

第 7 节

Altshul, S. (2012) 'The Healing Power of Pine', Health.com, http://www.health.com/health/article/0,,20428734,00.html. Accessed 28 March 2018.

Lamott, A. (2018) '77 Self-care quotes to remind you to take care of yourself', https://www.developgoodhabits.com/self-care-quotes/. Accessed 23 February 2018.

Lisansky Beck, D. (2016) 'Mindfulness: 10 Lessons in Self-Care for Social Workers', *The Social Worker,* http://www .socialworker.com/feature-articles/practice/mindfulness-10-lessons-in-self-care-for-social-workers/. Accessed 4 July 2018.

Markway, B. (2015) 'Your Ultimate Self-Care Assessment (with resources!)', *Psychology Today,* https://www. psychologytoday.com/blog/living-the-questions/201504/your-ultimate-self-care-assessment-resources. Accessed 23 February 2018.

Moore, D. (2015) cited in Tang, A. (2018) 'Do You Suffer From Seasonal Affective Disorder?', *The Squeeze Magazine,* https://press-london.com/blogs/squeeze/do-you-suffer-from-seasonal-affective-disorder. Accessed 28 March 2018.

Rudgard, O. (2017) Mindfulness can lead to selfishness, warns psychiatry expert, *The Telegraph,* https://www.telegraph. co.uk/news/2017/12/28/mindfulness-can-lead-selfishness-warns-psychiatry-expert/. Accessed 28 March 2018.

Smith, C. (2014), 'Overcoming Low Self-Esteem with Mindfulness', *Psychology Today,* https://www.psychology today.com/blog/shift/201411/overcoming-low-self-esteem-mindfulness. Accessed 23 February 2018.

Tang, A. (2015), *Love's Labours Redressed – Reframing Emotional Labour,* Lap Lambert Academic Publishing.

第 8 节

Baucells M. and Sarin, R. (2011) *Engineering Happiness,* University of California Press.

Billings, J. (circa 1885) cited by Brainyquote.Com https://www.brainyquote.com/authors/josh_billings. Accessed 4 July 2018.

Burch, V. (2008) *Living Well with Pain and Illness – The Mindful Way to Free Yourself from Suffering*, Piatkus.

Burkeman, O. (2013) 'This column will change your life: The truth about happiness', *The Guardian*, https://www.theguardian.com/lifeandstyle/2013/oct/12/happiness-reality-expectations-oliver-burkeman. Accessed 16 February 2018.

Cambridge Online Dictionary (2018), https://dictionary.cambridge.org/dictionary/english/well-being. Accessed 5 March 2018.

Clough, P. and Strycharczyk, D. (2012) *Developing Mental Toughness: Improving Performance, Wellbeing and Positive Behaviour in Others*, Kogan Page Publishers.

HSE.Gov.UK (2016) *Work-related Stress, Depression or Anxiety Statistics in Great Britain 2017*, http://www.hse.gov.uk/statistics/causdis/stress/stress.pdf. Accessed 5 March 2018.

Kissel Wegela, K. (2010) 'Practicing Mindfulness Without Meditating: How to cultivate mindfulness without meditating', The Courage to be Present, *Psychology Today* https://www.psychologytoday.com/blog/the-courage-be-present/201002/practicing-mindfulness-without-meditating. Accessed 18 February 2018.

Ladkowska, E., Cornforth, J.L., Kajahn, A.K. and Ashton, H. (2018) 'Empowering Thoughts', Mindfulness in Leadership Programme, Brunel University with CLICK Training, January 2018.

Mindful.org (2016) Mindful.org. Accessed 23 February 2018.

NHS Scotland (2018), 'Challenging unhelpful thoughts' http://www.moodjuice.scot.nhs.uk/challengingthoughts.asp. Accessed 17 February 2018.

Timms, P. (2018) Presentation during the Learning and Development Conference, Athens, January 2018.

Timonen, E.A., Ismaelis, A., Hussain, M., Papayiannis, K. and Farah, H. (2018) 'Focus Object', Mindfulness in Leadership Programme, Brunel University with CLICK Training, January 2018.

Wasylyshyn, K.M. and Masterpasqua, F. (2018) 'Developing self-compassion in leadership development coaching: a practice model and case study analysis', *International Coaching Psychology Review*, Vol. 13 (1) 21–34.

White, L. (2015) 'The Most Acceptable Reasons to Take a Sick Day Revealed', *The Independent* http://www.independent.co.uk/life-style/health-and-families/health-news/the-most-acceptable-reasons-to-take-a-sick-day-revealed-a6725831.html. Accessed 5 March 2018.

Wiseman, R. (2003) *The Luck Factor,* Arrow Books.

第 9 节

Ben-Zeev, A. (2010) 'Darling, Are You Aware of your Limitations?', *Psychology Today,* https://www.psychologytoday.com/us/blog/in-the-name-love/201003/darling-are-you-aware-your-limitations. Accessed 3 April 2018.

d'Aubermont Thompson, N. (2017) 'Mindful of Myself: A Brand New Me?', *Huffington Post,* https://www.huffingtonpost.com/natalie-daubermont-thompson/mindful-of-myself-a-brand-new-me-_b_9044772.html. Accessed 3 April 2018.

Furnham, A. (2013) 'The Dark Side of Leadership Management Derailment', EAWOP conference talk: http://www.eawop.org/ckeditor_assets/attachments/416/worklab_2013_adrianfurnham_talk2.pdf?1384979822. Accessed 3 April 2018.

Hegel, G.W.F. cited in in Davis, W.A .(1989) *Inwardness and Existence Subjectivity in/and Hegel, Heidegger, Marx, and Freud,* University of Wisconsin Press.

Lueke, A. and Gibson, B. (2016) 'Brief Mindfulness Mediation Reduces Discrimination', Psychology of Consciousness: Theory, Research, and Practice, 3(1).

Sinoway, E.C. (2010) 'No, You Can't Have it All', *Harvard Business Review* https://hbr.org/2012/10/no-you-cant-have-it-all. Accessed 3 April 2018.

第 10 节

Argryis, C. (1986) 'Skilled Incompetence', *Harvard Business Review*, https://hbr.org/1986/09/skilled-incompetence. Accessed 11 April 2018.

Cuddy, A. (2015) *Presence, Bringing your Boldest Self to your Biggest Challenges,* Little Brown and Company.

Gonzales, M. (2012) *Mindful Leadership: The 9 Ways to Self-Awareness, Transforming Yourself, and Inspiring Others,* John Wiley & Sons.

Greenleaf, R. (1991*) The Servant as Leader* (Rev. ed.), Indianapolis, IN: Robert K. Greenleaf Center.

Hanley, A.W. (2017) 'Clarity of Mind: Structural Equation Modeling of Associations between Dispositional Mindfulness, Self-concept Clarity and Psychological Well-being', *Personality and Individual Differences,* Volume 106, 334–9.

Hart, J. (2018) Keynote Speech 'The Learning Ecosystem', Learning and Development Conference, Maroussi Plaza & Conference Centre, Athens, 30 January 2018.

Maslow, A.H. (1971) *The Farther Reaches of Human Nature,* New York.

McKibben, S. (2018) '15 Signs You're An Over-Thinker Even If You Don't Feel You Are', Lifehack.org https://www.lifehack.org/287116/15-signs-youre-over-thinker-even-you-dont-feel-you-are. Accessed 11 April 2018.

Reichard, R.J. and Johnson, S.K. (2011) 'Leader self-development as organizational strategy', *The Leadership Quarterly,* Volume 22, Issue 1, Feb, 33-42.

Rice R, Andersson, B. and Ulvaeus, B. (1986) *Chess: The Musical,* Samuel French Ltd.

Steidle, G.K. (2017) *Leading from Within: Conscious Social Change and Mindfulness for Social Innovation,* MIT Press.

Sullivan, J. (2015) 'Want Top-performing hires? Learning Ability May Be The No 1 Predictor', www.ere.net https://www.ere.net/want-top-performing-hires-learning-ability-may-be-the-no-1-predictor/. Accessed 9 April 2018.

Wijebandara, C. (2016) 'The Buddha's concept of leadership', *The Nation,* http://www.nationmultimedia.com/opinion/The-Buddhas-concept-of-leadership-30286428.html. Accessed 11 April 2018.

Yeganeh, B. and Kolb, D. (2009) 'Mindfulness and Experiential Learning', *OD Practitioner,* http://www.move-up-consulting.net/fileadmin/user_upload/Readings/Mindfulness_and_Experiential_Learning_.pdf. Accessed 11 April 2018.

Ziglar, Z. quoted in Ziglar, Z. and Reighard, D. (2013) *The One Year Daily Insights with Zig Ziglar,* Tyndale House Publishers Inc.

第 11 节

Allen, T.D. and Paddock, E.L. (2015) 'How being mindful impacts individuals' work-family balance, conflict, and enrichment: A review of existing evidence, mechanisms and future directions', *Mindfulness in Organizations,* Cambridge.

Cope, A. and Whittaker, A. (2012) *The Art of Being Brilliant: Transform your life by doing what works for you,* Capstone 1 Edition.

Covey, S.R. (2007) 'Work–Life Balance: A Different Cut', Forbes.com, https://www.forbes.com/2007/03/19/covey-work-life-lead-careers-worklife07-cz_sc_0319covey.html#54b1e5ee754. Accessed 4 July 2018.

Hill, E. (2016) 'There's No Such Thing as "Work–Life Balance"' *Huffington Post,* https://www.huffingtonpost.com/emily-hill/worklife-balance-is-a-big_b_13272112.html. Accessed 13 April 2018.

The Dhammapada, Chapter 1, verses 1 and 2. Translation by Sangharakshita, available for free download at www .sangharakshita.org. Accessed 13 April 2018.

Velden, D. (2013) 'How to Make a Chocolate & Vanilla Swirled Marble Cake', @Kitchn, https://www.thekitchn.com/how-to-make-marble-cake-cooking-lessons-from-the-kitchn-191768. Accessed 13 April 2018.

第 12 节

Bennis, W.G. (2014) quoted in Kandavalli, P. (2014), *Thoughts on Business, Leadership and Christian Life,* Wordpress, https://paulkandavalli.wordpress.com/2014/08/03/warren-bennis-quotes-on-leadership-and-management. Accessed 9 April 2018.

Gray, A. (2017) 'Denmark has the best Work–Life Balance. Here's why', weforum.org, https://www.weforum.org/ agenda/2017/03/denmark-best-work-life-balance-oecd/. Accessed 16 April 2018.

Maslow, A. (1971) *The Farther Reaches of Human Nature,* Penguin New York.

OECD (2017) 'Denmark', Better Life report, http://www .oecdbetterlifeindex.org/countries/denmark/. Accessed 16 April 2018).

Riley, P. (2010), *Attachment Theory and the Teacher-Student Relationship,* Routledge.

Seet, C.K. (1961) *Discourses on Buddhism,* Wah Seong Press, Malacca.

VisitDenmark (2018) 'Hygge: The Danish Art of Cosiness', *Tourist Guide,* https://www.visitdenmark.com/denmark-hygge. Accessed 16 April 2018.

Wuthnow, R. (1995) *Learning to Care: Elementary Kindness in an Age of Indifference,* Oxford University Press.